ちくま学芸文庫

聖書の起源

山形孝夫

筑摩書房

目次

凡例 8

序論 聖書をめぐる謎 9

第一部 旧約聖書の原像

I 土地取得伝承――砂漠のなかの寄留者 22

遊牧民と農耕民との闘い 22

約束の土地を求めて 36

寄留者の倫理 46

Ⅱ　契約祭儀伝承――ヤハウェ共同体の論理と行動　62
古代オリエントの祭りとエジプト脱出　62
ヤハウェ神との契約　74
イスラエル王国の形成と崩壊　86

第二部　カナンの神々の系譜

Ⅰ　死と再生の神々――バァールとアドニス　92
バァール神話の世界　92
アドニス神話の原型　104
Ⅱ　病気なおしの神々――エシュムンとアスクレピオス　119
エシュムンという神　119
ギリシアのアスクレピオス神　127

第三部　新約聖書の成立

I　治癒神イエスの登場　138

イエスの奇跡をめぐる謎　138

ガリラヤのイエス　152

II　イエスとアスクレピオスの競合と葛藤　166

競合する病気なおしの神々　166

治癒神イエスの勝利　177

III　新約聖書の虚と実　191

福音書の原型　191

伝承と創作との間　210

イエスからキリストへ　222

あとがき　229
あとがき　文庫化によせて　232
参考文献　235
旧約・新約聖書歴史年表　239

聖書の起源

凡例

・本書は『聖書の起源』（講談社現代新書、一九七六年十二月二十日刊）を底本とした。
・聖書からの引用箇所は以下の原則で表記した。
（創世記三・五―八）→『旧約聖書』「創世記」第三章五節から同八節まで
（創世記三―八）→『旧約聖書』「創世記」第三章から第八章まで
・聖書からの引用は、新共同訳『聖書』（日本聖書協会、一九九七年）による。一部表記や訳語をかえたところがある。

序論　聖書をめぐる謎

神と人間の壮大なドラマ

聖書の起源という、この途方もなく大きなテーマに、いったい誰が、どのように答えることができるだろう。聖書には、旧約聖書があり新約聖書がある。キリスト教にとって、いずれも正典であるが、その内容については、別個の独立した文学としかいいようがない、厖大な文書の集成なのである。旧約聖書三十九巻、新約聖書二十七巻、ページ数にして一七〇〇ページをこす。しかも、そこには一言の説明も、あとがきもない。製作年代もマチマチ、作者も多くは不明である。

というより、本来が作者不詳の口承文学、あるいは伝承のたぐいに属するものが多い。新約聖書の一部の手紙類をのぞくと、そもそも著者を確認しようとすること自体、ほとんど絶望的な作業であるといってよい。

しかし、この謎につつまれた聖書を前に、聖書の起源の問題に深く想いをめぐらすことは、何という大きな魅力であろうか。こうした魅力の根源は、すべて聖書そのものから発している。それは、神話と伝説の衣につつまれた人間歴史の壮大なドラマ、勝利者のドラマであり、敗者のドラマであり、貧しいものたちのドラマである。否、いかなる権力者も、いかなる勝利者も、しょせんは大地の塵（ちり）にすぎないこと、審（さば）くものが、かならず審かれるものとなることを証しするドラマである。虐（しい）たげられたもの、貧しいもの、悲しみに泣くものに天国があることを、それは約束する。

しかし、けっしてそれだけではない。それはさらに、天の父が「悪人にも善人にも太陽を昇らせ、正しい者にも正しくない者にも雨を降らせてくださる」（マタイ五・四五）ことを克明に証しするドラマ、人間の手になる幸不幸も、善悪の尺度も、帰するところは「空の空」（伝道の書一・二）であり、虫が食い、さびがつく「地上の富」（マタイ六・一九）にすぎないことを証しするドラマなのである。

いったい、このようなドラマを、誰が書き得たというのだろう。人間の現実の、単に暗黒の世界だけでなく、正義にも善にも、同じように、よこしまと偽善が胚胎（はいたい）するというおそろしい事実を、いったい誰が、いかにしてみぬくことを知ったのか。聖書の起源の問題は、このような抗し切れない問いの魅力を秘めている。

正典結集の歴史

キリスト教会は、こうした事実に特別な意味を認めて、聖書を神の啓示の書とよんだ。聖書のなかに、人間の知恵以上の、超越者の意志を読みとったからである。そこにいたる過程には、複雑に屈折した長い教会の歴史がある。「信仰の規準」をめぐる激しい論争の歴史がある。

記録によると、ユダヤ教が、現在の形の旧約聖書を、はじめて正典として採用したのは、紀元前七五年、エルサレムの会議においてである。激しい議論の末に、多くの文書が、外典や偽典として排除され、あるいは消滅していった。

キリスト教の場合はどうか。これも事情は同様である。そもそもはじめから、正典として書かれた文書が、キリスト教にあり得たはずがない。宗教といえばユダヤ教、聖書といえばユダヤ教の正典しかなかった時代に、どうして新しい聖書をつくりだすことを、人は夢想することができたろう。にもかかわらず、イエスをめぐる周辺に、福音書文学が成立し、やがてそれが、ユダヤ教にたいし、明白な形で自己主張するほどに成長する。

キリスト教の正典結集の歴史は、紀元二世紀から四世紀にまでおよんでいる。ここにもまた正統と異端の血みどろの闘争があった。キリスト教会が、ユダヤ教の正典を救い主キリストの預言の書として受けいれたのは、このユダヤの教えのなかに、新しい契約（新約）にたいする古い契約（旧約）の啓示をみたからである。

人間ののぞみの結晶として

ところで、こうした正典結集史を語ることが本書の目的ではない。本書の意図する聖書の起源は、聖書結集以前の聖書の世界、そこに私の関心は向いている。そこには、砂漠に生きた人間がいる。生涯をかけて寄留地を求めてさまよい続けた人間がいる。失った者もいれば獲た者もいる。そうした個々の運命を、大きな人類文化の歴史の波が、容赦なく押し流していく。世代から世代へ、人間の小さなのぞみが語りつがれ、男も女も、生まれては死んでいく。

こうした歴史の徒労に近い経験の堆積のなかから、しかし人は、問うことを止めない。「主よ、人間とは何ものなのでしょう／あなたがこれに親しまれるとは。／人の子とは何ものなのでしょう／あなたが思いやってくださるとは。／人間は息にも似たもの／彼の日々は消え去る影」（詩篇一四四・三―四）。

聖書は、このような世界に生きた、無数の人間ののぞみの結晶なのである。問題は、こうしたのぞみが、いかなる仕方で聖書に結晶したかにある。私は、こうした結晶化の過程を、聖書を生みだし、それを担った製作主体の動機の解明をとおして、明らかにしたいとおもう。それが、聖書の起源に接近する道だと考えるからである。

そのために私は、本書全体の構想を三つにしぼって組み立てた。ひとつは、旧約聖書の冒頭の六つの文書、いわゆるモーセ五書（創世記、出エジプト記、レビ記、民数記、申命記）にヨシュア記を加えた六書を中心に、旧約聖書の根本主題を解明し、イスラエル宗教の起源に接近すること。他のひとつは、これも新約聖書冒頭の四つの福音書（マタイ、マルコ、ルカ、ヨハネ各福音書）を中心に、新約聖書結集の核となったキリスト論成立の問題に接近すること。そして第三に、この両者の伝承層に幾世紀にもわたって影響を与え続けた、オリエント神話の痕跡を、資料層の分析をとおして明らかにすること。これを三つの基本の柱にした。

旧約六書の世界

はじめに旧約六書についていえば、とくに創世記や出エジプト記は、実に雄大なイスラエル民族の起源を語る一大叙事詩である。天地創造があり、人間誕生があり、失楽園があり、ノアの洪水がある。そしてドラマは、アブラハムの遍歴の旅から、モーセのエジプト脱出行を境に、一挙にイスラエル十二部族宗教連合の結成にむかって直進している。神話から歴史へ、物語は一直線に展開している。

全体が、古代イスラエル王国誕生の基盤となった、宗教連合結成の物語なのである。物語の全体に、歴史的な輪郭をあたえると、天地創造やノアの洪水の神話は論外として、アブラハムの遍歴が紀元前一七五〇年頃。モーセのエジプト脱出が同じく紀元前一三〇〇年頃、そして宗教連合の結成が紀元前一二五〇―一二二五年ということになる。ダビデによるイスラエル統一王国の形成が、紀元前一〇〇四年であるから、六書全体が扱う物語の範囲は、はるかに一千年をこす。おそろしく長大なスケールの歴史物語であることがわかる。

こうしたドラマの骨子となった創世記の最古の資料（ヤハウィスト資料、紀元前一〇世紀頃にユダで成立したと思われる。その他にエロヒスト、申命記、祭司資料などの資料が、旧約六書の基礎になった）が成立したのは、ソロモン王の紀元前九六〇年代、それは、イスラエ

旧約聖書の六書一覧

<table>
<tr><th>六　書</th><th>資料の種類・著作年代・著作地
（年代は全部紀元前、単独の数字は世紀を示す）</th></tr>
<tr><td>創世記</td><td rowspan="5">モーセ五書…
ヤハウィスト（J）資料…前10-8…ユダ
エロヒスト（E）資料…前9-8…イスラエル
申命記（D）資料…前7-5…ユダ
祭司（P）資料…前6-5…バビロニア／ユダ</td></tr>
<tr><td>出エジプト記</td></tr>
<tr><td>レビ記</td></tr>
<tr><td>民数記</td></tr>
<tr><td>申命記</td></tr>
<tr><td>ヨシュア記</td><td>資料はおおむね五書と同じであるが、かなり補修されている。最初の編集は前6中期。</td></tr>
</table>

新約聖書の四福音書一覧

四福音書	著　者	著作年代	著作地
マタイ福音書	ディアスポラ出身のユダヤ人キリスト教徒（使徒マタイではない）	80-90年頃	不明（シリアのアンティオキア？）
マルコ福音書	ガリラヤを背景とするユダヤ人キリスト教徒	60-70年頃	ガリラヤ（ローマ？）
ルカ福音書	パウロの弟子ルカ（またはパウロの直弟子ではないがその系統の異邦人キリスト教徒）	80-90年頃	不明
ヨハネ福音書	不明（グノーシスほかユダヤ系、ヘレニズム系の諸宗教思想をよく知った人物）	80-90年頃	シリア？

ル王国のまさに黄金時代であった。

したがって、紀元前九二六年ソロモン王の死を境に、イスラエルがたどらねばならない新たな運命、統一王国の分裂と崩壊という歴史過程は、明らかに六書の世界の崩壊を意味していた。黄金時代は、わずかにソロモン一代で終結した。イスラエルは、南北に分裂し(紀元前九二六年)、革命と反逆が相つぎ、国力は疲弊し、隣邦大国の侵略の前に、悲惨な破滅と亡国の一路をたどることになる。北王国が紀元前七二一年、南王国が同じく五八六年に滅亡する。主題は大きく一転した。王国誕生の歴史のドラマは、亡国の離散のドラマとなった。

こうした亡国と捕囚の苦しみが、いかにイスラエル民族を鍛えたか。それが新たなドラマの主題となった。歴史はすべてが試練となった。六書に続く預言書の世界がそれである。それは、旧約聖書後半部の新しい物語、亡国イスラエルにおけるユダヤ教誕生の物語の伏線となっている。亡国の民は、崩壊した国家原理にかわる新たな絆(きずな)を、救い主メシヤに求めて結集したのである。新しいのぞみの結晶化が、はじめられた。それは、紀元前四二〇年代の亡国イスラエルにおけるユダヤ教の結成と、ひとつになっている。そのユダヤ教を、われわれはもはやイスラエル宗教とよぶことはできない。

なぜなら、イスラエルとは、正確には十二部族の宗教連合、ヤハウェ共同体をさしているからである。イスラエル王国滅亡後のユダヤには、すでに十二部族の実体はない。神との契約は、もはや部族ではなく、個人の意志によるほかない。ここには、古いイスラエル宗教との明白な断絶がある。

しかし、一方、不思議なことに、ユダヤ教の結成を担った捕囚の民の辛酸の物語は、旧約六書における十二部族宗教連合結成の前史となったアブラハムやモーセの遍歴物語と酷似している。ユダヤ亡国の経験が、アブラハムやモーセの苦難物語を介して、新しい救国のメシヤ期待に結集したのである。ここには、過去のイスラエルとの連続の自覚がある。紀元前五世紀以降の、いわゆる後期ユダヤは、こうした複雑な宗教的―政治的状況を呈していた。

福音書――救い主キリストの物語

一方、新約聖書の福音書についていえば、それは単純に、救い主キリストの生涯の物語である。旧約六書の展開するイスラエル民族の絵巻とくらべると、そこには大きな相違がある。しかしそれにもかかわらず、福音書にもまた、神話から歴史への一直線の物語の展開がある。この展開が問題なのだ。なぜならそれは、ナザレのイエスの物語でありながら、天と地を結ぶひとつの壮大なドラマ、メシヤの誕生と出現のドラマであり、その全体が、人間救済の歴史ドラマとして展開しているからである。

四つの福音書のうち、最古のマルコ福音書の成立が紀元後六〇年代、マタイとルカが八〇年代、ヨハネ福音書は八〇年から九〇年代というのが、ほぼ定説となっている。先のイスラエル史との関連でいえば、ユダヤ教の結成から数えて、すでに五〇〇年近い歴史の経過が、そこにはある。ローマのパレスチナ支配の開始が紀元前六三年。イエスは、ローマ帝国の支配する一属領、ユダヤの地に誕生し、そこで成長したことになる。まさに亡国イスラエルの、メシヤ待望の真っ只中であった。

イエスの伝道の開始が紀元後二七年、十字架の死が三〇年頃。その後の歴史は、六〇年代のマルコ福音書の成立にいたる、謎につつまれたキリスト教の起源の歴史とひとつになっている。その間わずか三〇年、この短かな歳月に、福音書の原型は成立した。それは、救い主キリストの受難と復活の物語であった。メシヤの到来を告げる歓喜の告白であった。問題は、そこに含まれるキリスト証言である。いったいナザレびとイエスから、キリスト・イエスへのこの転換は、いかにして起こったのか。そこにキリスト教の起源にかかわる福音書成立の謎がある。

伝承文学としての聖書

旧約聖書の六書と新約聖書の福音書、この二つの作品群の間には、実に一千年に近い大きな歴史のへだたりがある。しかし、この大きなへだたりを、オリエントの神話が、みごとな一本の線に結合している。私はそれを、モーセのエジプト脱出から、キリストの最後の晩餐にいたる連続した一本の線として描こうとおもう。

まさにこの一本の線の上に、治癒神(ちゆしん)イエスも復活のキリストも登場したと考えるからである。粘土板にのこされたオリエント神話が、実に重要な役割を演じているのである。そうした神話を含めて、六書も福音書も、作者不詳のいわゆる伝承文学としての性格の、ことのほか強い作品に属している。私の関心が、伝承を生みだし、伝承を担った製作主体を想定し、その動機の解明に集中せざるを得ない理由がここにある。

古代イスラエル民族の始祖物語が、波乱にとんだ砂漠の民の、単なる英雄伝説である以上に、「国造り」のための「土地取得」の物語であり、その正当性の論理の展開とみなされるのは、こうした視点においてである。伝承を担った主体の動機が問題だからである。

福音書の場合も、事情は同様である。多くのバラバラな伝承断片が、ひとつの完結した物語――キリストの死と復活の物語に結集されていく過程が、ここでは問題だからである。そこに確実に関与していた製作主体、それはいったい誰であり、その動機は何であったか。こうした問いの究明は、そのまま福音書の成立、キリスト教の起源の問題の究明に直結している。

本書の主題を、このような問題に設定したのは、いわゆる聖書の概説や入門書を書くことが、はじめから私の意図にはなかったというだけでなく、多くの知識をカットしても、生きた聖書の世界へ通じる突破口が切りひらかれれば、それでよいと判断したからである。

第一部　旧約聖書の原像

I　土地取得伝承――砂漠のなかの寄留者

遊牧民と農耕民との闘い

弟のアベルを殺した兄のカイン

旧約聖書の創世記四章のカインとアベルの物語を御存知だろうか。それは、聖書の記録する人類最初の兄弟殺害の物語、兄が弟を野に誘って打ち殺す物語である。

話は、〝禁断の園〟の木の実を食べて、エデンの楽園を追放されたアダムとイブの後日譚（たん）からはじまる。神の罰により食物のために額に汗して、一生苦しみどおし働き続けねばならなくなった人間アダムとイブ。この一組の男女に息子がふたり生まれる。カインとアベルである。子供たちは成長し、兄のカインは土を耕す者＝農耕者、弟のアベルは羊を飼う者＝牧羊者となる。

ある日のこと、ふたりの兄弟は、主なる神の前に、彼らが働いて得たそれぞれの産物を、捧げるために競い合う。カインは大地を耕して収穫した畑の初物（はつもの）を、アベルは羊の初子（ういご）とよく肥えた羊とを神にささげた。事件は、ここからはじまる。神がアベルの供えた捧げ物だけを、心にとめられたからである。カインはいたく失望する。このとき、カインの心に殺意がきざす。カインはアベルを野に連れだして殺害した。

アベルの不在に不審をいだいた神が、カインにむかって弟アベルの所在をたずねたとき、カインは何食わぬ顔でこう答えたという。

「知りません。わたしは弟の番人でしょうか。」

ジョージ・フレデリック・ワッツ
《カインの罪の告発》 ワッツ・ギャラリー

神は、はげしいのろいをもって、カインを断罪した。「何ということをしたのか。お前の弟の血が土の中からわたしに向かって叫んでいる。今、お前は呪われる者となった。お前が流した弟の血を、口を開けて飲み込んだ土よりもなお、呪われる。土を耕しても、土はもはやお前のために作物を産み出すことはない。お前は地上をさまよい、さすらう者となる」（創世記四・九―一二）。

これが不幸のはじまりであった。カインは永遠に放浪者とならねばならない。それが、犯した罪にたいする罰である。しかも神は、放浪者カインをだれも打ち殺すことのないように、彼にひとつの「しるし」をつけられた。カインは、神の「しるし」を身に帯びて神のもとを去り、エデンの東に移住する。こうしてカインの末裔（まつえい）の不幸の歴史ははじまった。

オリエント神話の痕跡

兄弟殺害のこの悲惨な物語は、いったい何を訴えようとしているのであろうか。そこには、明白な、ひとつの宗教的意図がこめられている。物語の全体は、アダムとイブの楽園追放後におこった、最初の不幸な出来事の叙述を意図している。この兄弟間の血なまぐさい惨劇をとおして、創世記の作者は、神に背いた人間の破滅的結末をみようとしたに違いない。なぜなら、もしも神による人間救済の業（わざ）が開始されねばならないなら、それは、この破滅的結末から、出発するほかないからである。

一方、こうした作者の意図とは別に、このカインとアベルの物語の背後には、オリエント神話それ本来の動機が、複雑にからみ合って存在している。それはアダムとイブの楽園神話とも、またカインとアベルのあの悲惨な結末とも、直接には関係がなかった。そのいくつかをとりだしてみよう。

ひとつは、カインとアベルの供え物の競争の動機である。物語には、確実に農耕民と遊牧民との、幾世紀にもわたる宿怨が背景になっている。というのは、この兄弟相剋の物語は、古代オリエントのメソポタミアの牧畜神ドゥムジ（バビロニア語ではタムムズ）と農耕神エンキムドゥの闘争の神話の変形とみられるふしがあるからである。

このメソポタミア神話の主題は、女神イナンナがドゥムジとエンキムドゥのどちらを、夫に選ぶかという「夫選び」のモチーフからなっている。ふたりの神は、女神の歓心を買うために、それぞれ自慢の供え物をささげて、その優劣を競い合う。競争は、牧畜神の勝利に終わる。女神イナンナが、牧畜神のささげる供え物に、彼女の好意を示したからである。

あきらかに物語は、カインとアベルの競争の挿話と同じ主題からなっている。ただ、このメソポタミアの神話には、カインとアベルの物語にある、あの悲惨な結末がない。いったいなぜ悲惨な結末がつけ加えられたのか。ここに問題がある。おそらくカインとアベルの物語には、この夫選びのモチーフとは違った、別の動機が込められていたのではないか。

フックの宗教的祭儀説

この動機について、イギリスの神話学者S・H・フックは、古代バビロニアにつたわる新年祭の逃亡司祭のモチーフではなかったかという。この説にしたがって、物語を再構成すると、こうなる。

悲劇の発端、カインの農産物の供え物の拒絶という物語の主題は、アベルにたいするえこひいきでも神の気まぐれでもなく、実は農作物の不作という古代社会の切迫した状況を伝えていた。アベルの殺害は、それを償うための祭儀であった。

大地が不作に悩んだとき、カインはアベルを「野」に連れだす。「野」は耕作地、つまり畑を意味している。この畑を肥沃にするための生贄（いけにえ）に、アベルがえらばれたのである。だからカインは、復讐のためにアベルを殺害したのではない。カインの殺害の行為は、まさに宗教的目的に発する祭儀的行為そのものであった。要するにカインは、司祭として振舞ったにすぎないということになる。

こうした解釈を可能にする有力な証拠が、この物語にはある、とフックはいう。それは、神がおそろしいのろいの言葉といっしょに、殺人者カインにきざみつけた奇妙な「しるし」である。この「しるし」に、それをとく鍵があるというのである。物語の文脈からすると、カインの「しるし」は「安全と庇護」のための「しるし」であった。いったい神は、なぜに殺人者を、庇護しようとしたのか。

この疑問は、カインとアベルの物語では、どうにも解くことができない。フックによると、カインの「しるし」は、実はバビロニアの聖なる逃亡司祭の「しるし」であったという。それは元来、生贄をほふる祭儀を執行した司祭につけられる「しるし」であった。司祭は、生贄の流す血によって汚(けが)れた自分のからだが、もとどおりにきよまるまでの一定期間、共同体から離れていなければならない。そのことが、司祭に義務づけられていた。

この逃避と放浪の期間、神は司祭の身の保護のために、ひとつの「しるし」を司祭につけた。それが、バビロニアの慣習であった。神がカインにきざみつけた「しるし」には、このバビロニアの追放司祭、あるいは逃亡司祭の痕跡がある。

農耕民と遊牧民の宿怨

こうした解釈にしたがって物語をみてみると、創世記の伝えるこの兄弟殺害の物語には、第一に農耕文化と遊牧文化をめぐる太古の闘争の痕跡がある。カインとアベルは、それぞれの文化を代表し、優劣をかけて闘った。闘争は完結しない。むしろカインによるアベルの殺害が、この闘争を血なまぐさいものに一変させた。神はカインを追放し、カインは放浪者となる。アベルの血は大地から永遠に、カインをのろい、血の復讐を叫び続ける(創世記四・一〇)。人間アダムの長子、農耕者カインの運命には、こうした暗いかげがまとわりついている。

カインに負わされたこの暗い運命は、何を意味していたであろう。物語には、第二にさすらいの民であったイスラエル民族の、幾世代にもわたる長い砂漠の生活から、農耕文化へ、彼らの生活形態を転換しつつある様が、浮き彫りにされている。農耕者カインにたいする告発と断罪は、新しい農耕文化にたいして、微妙に揺れ動くイスラエル民族の心の、みごとな表現ではなかったか。放浪者カインは、砂漠から沃地へ脱出をはかろうとする、イスラエルそのものではなかったか。

大地に流されたアベルの血ののろいから、未来永劫逃れられないカイン。遠い民族の過去の記憶のなかで、あるいは逃亡祭司であったかもしれないカイン。そうした運命の人カインのなかに、創世記の記者は、神がしるされたひとつの紋章をみたのである。それは、のろいの「しるし」であり、同時に庇護の「しるし」であった。この不思議な二重の「しるし」を身におびて、カインは、確実に二つにひきさかれた運命を歩むことになる。

最初に破局がくる。破局は、カインの末裔の滅び、すなわち〝ノアの洪水〟に示される人類の滅びのドラマでなければならない。創世記記者はまさに、そうした滅亡のドラマの叙述をとおして、神の救いと選びの意志を浮き彫りにしていく。カインの「しるし」は、そうしたひきさかれた運命のシンボルであった。このカインとアベルの闘争は、やがて形を変えてアブラハムの子イサクの双生児、エサウとヤコブの長子権をめぐる闘争に反復さ

ギベルティ《ヤコブとエサウの物語》　フィレンツェ　サン・ジョヴァンニ洗礼堂扉

れる（創世記二五―二七）。

　生まれつき全身毛ごろもをまとったように毛深く、狩猟が巧みで野の人となったエサウと、生まれつき穏やかで気立てよく、野を耕やし天幕に住む農耕者ヤコブの闘争の物語である。物語は、ヤコブが母と共謀し、狡猾（こうかつ）な手段によって、父イサクをあざむき、エサウの長子権を奪取する挿話として語られている。結果的に農耕者ヤコブが勝ち、遊牧者エサウは敗退する。しかしエサウの復讐をおそれるヤコブは、放浪しなければならない（創世記二七・四一以下）。

　物語には、新しい農耕文化が、伝統的な遊牧文化を圧迫し、駆逐（くちく）

しつつある有様と、一方、追いつめられた遊牧民が、彼らの中に憎しみと敵意をかかえて、対決をしいられている様が見事に表現されている。そうした両者の宿怨が、これらの物語の動機なのである。

ノアの大洪水

創世記によると、神が地上に人間を造ったことを悔いられたとき、破局は正確にやってきた。ヤハウィスト資料（創世記五・二九、六・一―八、他に祭司資料の七・一―八・二二、九・一八―二七と一部重複）は、カインから数えて七代目のレメクの子ノアのときに、神のおそろしい鉄槌が、人間の上におよんだことを伝えている。

それは、地のおもてにいたすべての生き物を、ことごとく地上からぬぐい去る大洪水の襲撃であった。雨は四十日四十夜、大地に降りそそぎ、水は百五十日、地のおもてをおおいつづけた。水の退いたあとには、ノアと共に箱舟にいたものだけが残された（創世記七・二三）。これがアダムの子、殺人者カインの末裔の最後であった。ノアが残されたのは、彼だけが「正しく、全き人であった」（創世記六・九）からである。これが旧約聖書の伝える洪水神話である。

ところでこの神話を、おそらくは、その原型であったに違いない古代オリエントのバビロニアやシュメールの洪水神話とくらべてみるとどうか。両者のあいだにはその動機にお

ミケランジェロ《ノアの洪水》　ヴァティカン　システィナ礼拝堂天井画

いて、根本的な相違のあることがわかる。

バビロニアやシュメールの神話では、洪水は偶発的に、ほとんど神々の気まぐれなおもいつきからやってきた。たとえばバビロニアの神話では、神が人類滅亡をきめたのは、人間が騒々しくて、神々の安眠が妨害された結果にすぎない。洪水は腹立ちまぎれに、不意にやってきたのである。

しかし旧約聖書では違う。洪水は、人間の腐敗堕落にたいする神の審判の結果であった。創世記は、禁断の戒律を犯したアダムとイブの物語をはじめ、カインとアベルの物語など、要するに神にたいする人間の反逆の物語を、すべて大洪水のプレリュードにセットしている。洪水神話は、人間堕落の物語と固く結合されている。この結合が問題なのである。それはけっして偶然ではない。そこには物語作者の明白な意図がある。

創世記の作者は、ひとつの目的を、この物語にたくしている。それは大洪水が、神の意志による徹底的な人間の滅びのドラマであること、そしてこのドラマのなかで神は、まったく神自身の意志に従って、棄て去るべき人間と救うべき人間とを、選別することを示唆している。

創世記の作者は、地上の歴史を、神による棄却と選びの行為をとおして、最後の「残りの人」にむかって収斂（しゅうれん）する**救い**の歴史とみているのである。歴史にたいするこうした見方を、物語作者は、イスラエルの民が経験しなければならないひとつひとつの出来事をとおして、実に丹念に実証していく。こうした数々の出来事からすると、大洪水は、たしかに規模こそ大きいが、最初のひとつの滅びの挿話にすぎないのである。

アブラハムの物語

さて物語を読みついでいこう。箱舟に乗って、危うく難を逃れたノアが、祭壇を築いて、主なる神に燔祭(はんさい)をささげたとき、神は、その香ばしいかおりをかいで、心にこう言われたという。

「人に対して大地を呪うことは二度とすまい。人が心に思うことは、幼いときから悪いのだ。わたしは、この度したように生き物をことごとく打つことは、二度とすまい。地の続くかぎり、種蒔きも刈り入れも寒さも暑さも、夏も冬も昼も夜も、やむことはない」(創世記八・二一―二二)。

そして神は、ノアとその子らを祝福し、「産めよ、増えよ、地に満ちよ」(創世記九・一)と言われた。再び人間の歴史は始まる。

ノアは農夫となり、ぶどう畑をつくりはじめる。ノアの子であるセム、ハム、ヤペテに彼らの子が生まれ、地のおもてをみたしていった。セムの系図(ユダヤ人、アラビア人、シリア人)、ハムの系図(エジプト人)、ヤペテの系図(インド・ヨーロッパ人種)が完成していく。彼らは氏族にしたがい、言語にしたがい、全地のおもてに分かれて住んだという。

さて、物語によると、アブラハムは、セムの系図から出て、メソポタミア地方のウルに住んでいた。ウルの町は、今はない。あるのは廃墟だけである。この埋もれた廃墟の都市ウルを、一九二二年から一九三四年にかけて、C・L・ウーリーのひきいる調査隊が、発掘に挑んだ。その結果、それぞれ一〇〇段からなる三つの階段をもつ塔が掘り起こされた。

それはジッグラットとよばれる高層神殿で、塔の最上段には神殿がある。天と地とを連結する壮大な発想が、そこにはあった。塔は、上薬をかけられ、色彩をほどこされたれんがでもって積みあげられていた。神殿には、月の女神イナンナがまつられていた。

塔の下層の土中には、おそらく紀元前四〇〇〇年にさかのぼるであろう、シュメール王朝時代の住居跡と、その上をおおう厚さ二・四メートルにも達する洪水跡が観測された。大洪水はバビロニア平原一帯をおおう大規模なものであった。

このウルが、ノアの末裔アブラハム一族の生活の地であった。彼らが、そこでいかなる暮らしをしていたか、その詳細はわからない。創世記は、ノアの子孫を定住農耕民であるかのように語っているが、物語にみるアブラハム一族の生活は、けっしてそうではなかった。しいていえば、遊牧民的――半農耕民とでも呼ぶことができるだろうか。そもそも定住しようにも、そのための耕地が、彼らにはなかった。創世記の伝える彼らの旅の物語は、実は土地取得のための旅だったのである。

国士舘大学イラク古代文化研究所提供

ウルのジッグラット　紀元前二二―二一世紀（上）
ウルで発掘された洪水跡（下）

約束の土地を求めて

旅のはじまり

アブラハムは、父テラにしたがってカルデヤのウルをたち、妻のサラと一緒にハランに着き、その地に住んだ。父テラは、ハランで死んだ。アブラハムが、父と一緒に歩いたというウルからハランへの道は、ペルシャ湾に近いユーフラテス河下流から、その上流にむかう半円形の三日月型沃地帯に相当する。

アブラハムが、いつ頃ウルをたち、どのような道筋をへて、ハランにたどりついたか。それをたしかめる手がかりは、聖書からは得られない。知られることは、ウルもハランも、重要な古代通商路であったということである。とくにハラン(アッカド語で〝街道〟の意味)は、キリキアとアッシリア、アナトリアとバビロニアを結ぶ通商路の交差点であり、交易の中継都市として栄えていた(紀元前二〇〇〇年ごろ。後に考古学者たちが一九三〇年代に発掘し、巨大で優雅な宮殿を擁する都市国家マリの都であることが判明した)。

アブラハムは、この踏みならされた通商路を、ハランにたどりついたに違いない。そして父のテラがそこで死んだ。その時、アブラハムに神の声がのぞみ、こう言われた。

「あなたは生まれ故郷、父の家を離れてわたしが示す地に行きなさい。わたしはあなたを大いなる国民にし、あなたを祝福し、あなたの名を高める祝福の源となるように」(創世記一二・一―二)。

これが旅のはじまりであった。その時、アブラハムがどのようにこたえたか。創世記には、「アブラハムは主の言葉に従って旅立った」としか書かれていない。神の示す土地が具体的にどこであるか、それがはっきりしないのである。それが判然としないかぎり、アブラハムはまことに、とりとめない旅に出発したとしか言いようがない。

おそらくアブラハムは、この神の言葉に約束をみたのであろう。それは、土地取得の約束であった。アブラハムは、妻のサラ、弟の子ロト、そして集めたすべての財産と、ハランで得た人々を引き連れて、父の家をあとにした。行く手には辛酸が待っていた。

アブラハムの辛酸

このようにして、遍歴の旅は開始された。アブラハムとその家族は、見知らぬ異邦の民のあいだを、寄留者としてとおりすぎていく。彼らの持ち物は、羊と牛と天幕と家畜をあつかう牧者たちであった。創世記の叙述にみる限り、それは遊牧民の生態であり、オアシスからオアシスへの移動と寄留の生活であった。

こうした放浪の生活が、どれほどの緊張と忍耐を必要としたか。アブラハムは行く先々

アブラハムが通ったウルからカナンへの経路

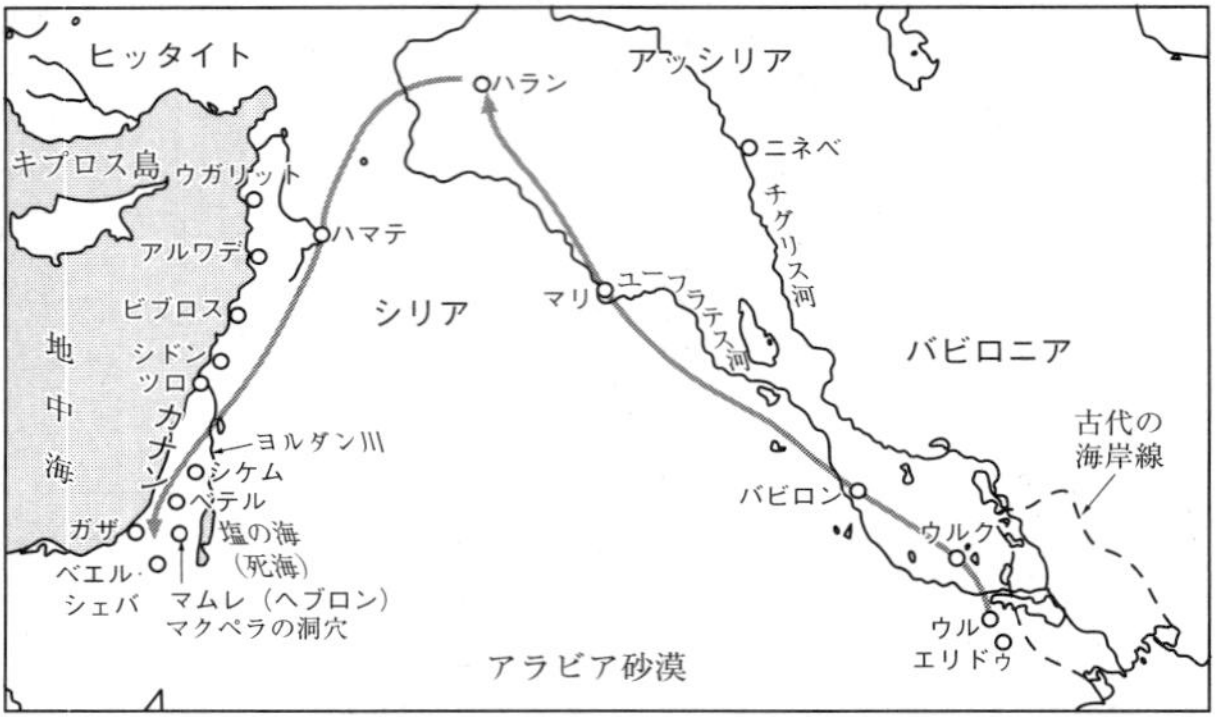

で牧草地を確保し、その地に寄留するための、細心の工夫をこらさねばならなかった。しかし、どれほど忍耐しても、ついには、追われるように退去するほかに仕方がない。しょせん寄留者でしかなかったからである。寄留者アブラハムの苦心を物語る、二、三の挿話を、創世記からひろってみよう。

挿話は、異邦の民への接近が、どれほど多くの予知できぬ危険をともなっていたか、そして危険を避けるために、群れのリーダーが、どれほどの犠牲にたえねばならなかったかを伝えている。犠牲とのひきかえなしに、彼らは寄留地の確保さえ、容易にはできなかったのである。

ひとつは、アブラハムが、カナン地方におこった激しい飢饉（ききん）をさけるため、エジプトにくだり、その地に逗留しようとしたときの挿話（エピソード）である。アブラハムの一行が、いよいよ目ざすエジプトを目前にしたとき、アブラハムは、妻のサラにこう言った。

「あなたが美しいのを、わたしはよく知っている。エジプト人があなたを見たら、『この女はあの男の妻だ』と言って、わたしを殺し、あなたを生かしておくにちがいない。どうか、わたしの妹だ、と言ってください。そうすれば、わたしはあなたのゆえに幸いになり、あなたのお陰で命も助かるだろう」（創世記一二・一一―一三）。

アブラハムの予想は的中する。彼らがエジプトに着いたとき、エジプトの高官は、サラをみて、その美しさに驚嘆し、サラはさっそく王宮に召しかかえられる。一方アブラハムは、この美しいサラのゆえに、手厚くもてなされ、多くの羊、牛、ろば、男女の奴隷、およびラクダを入手する。アブラハムの一行は、当面、寄留をゆるされたのである。

ところが、意外なところから破綻がくる。それは、激しい疫病がエジプトにおこったことに不吉な予感をいだいたパロ（エジプト王の呼称）が、サラの身辺を洗った結果、策略が露見してしまったからである。パロは激怒し、サラとアブラハムにただちに退去を命じる。アブラハムはエジプトの地を去らねばならない。彼は新しい寄留地を求め、再びあてのない放浪の旅に出発する（創世記一二・一七―二〇）。

物語には、土地をもたない寄留者のあわれがにじみでている。寄留地の確保という、ただそれだけのことに、アブラハムは、妻を犠牲にするという大きな代償を払わねばならなかった。これと同じ経験は、アブラハムの子のイサクの旅物語にもくり返されている（創世記二六・六―一一）。

寄留者の墓

次に、創世記二三章に記されている妻サラの死にまつわるエピソードを紹介しよう。生涯を寄留者として生きるよう余儀なくされたアブラハムの胸中の悲願が、これほど美しく、そして悲しく語られた話は他にない。

サラが、寄留先のカナンの地ヘブロンの村で死んだとき、アブラハムは、天幕に入って悲しみのために泣いた。彼は、大地にひれ伏し、胸をかきむしって、悲しみの心をあらわにした。やがて死人のそばから立ちあがると、アブラハムは、まわりにあつまった異邦の人々にむかって、こう言うのである。

「わたしは、あなたがたのところに一時滞在する寄留者ですが、あなたがたが所有する墓地を譲ってくださいませんか。亡くなった妻を葬ってやりたいのです」（創世記二三・四）。

アブラハムは、妻の遺体を自分の所有する土地に葬りたいとねがったのである。「わたしの所有」とは、アブラハムに所有権のある土地を意味している。しかし村人たちは、それにはかまわずこう答える。

「どうか、御主人、お聞きください。あなたは、わたしどもの中で神に選ばれた方です。

どうぞ、わたしどもの最も良い墓地を選んで、亡くなられた方を葬ってください。わたしどもの中には墓地の提供を拒んで、亡くなられた方を葬らせない者など、一人もいません」（創世記二三・五―六）。

この村人のこたえは、十分好意的である。彼らは、寄留者アブラハムに、彼らの好意の極限をつくしている。それを疑うことはできない。アブラハムは、彼らのすすめにしたがって、彼らの墓のあいだに、妻の遺骸を埋葬すればよかった。それで十分であった。しかしアブラハムは、満足しない。

彼は執拗に、最初の要求を繰り返す。彼は、こういう。

「もし、亡くなった妻を葬ることをお許しいただけるなら、ぜひ、

アブラハム時代のカナン地域

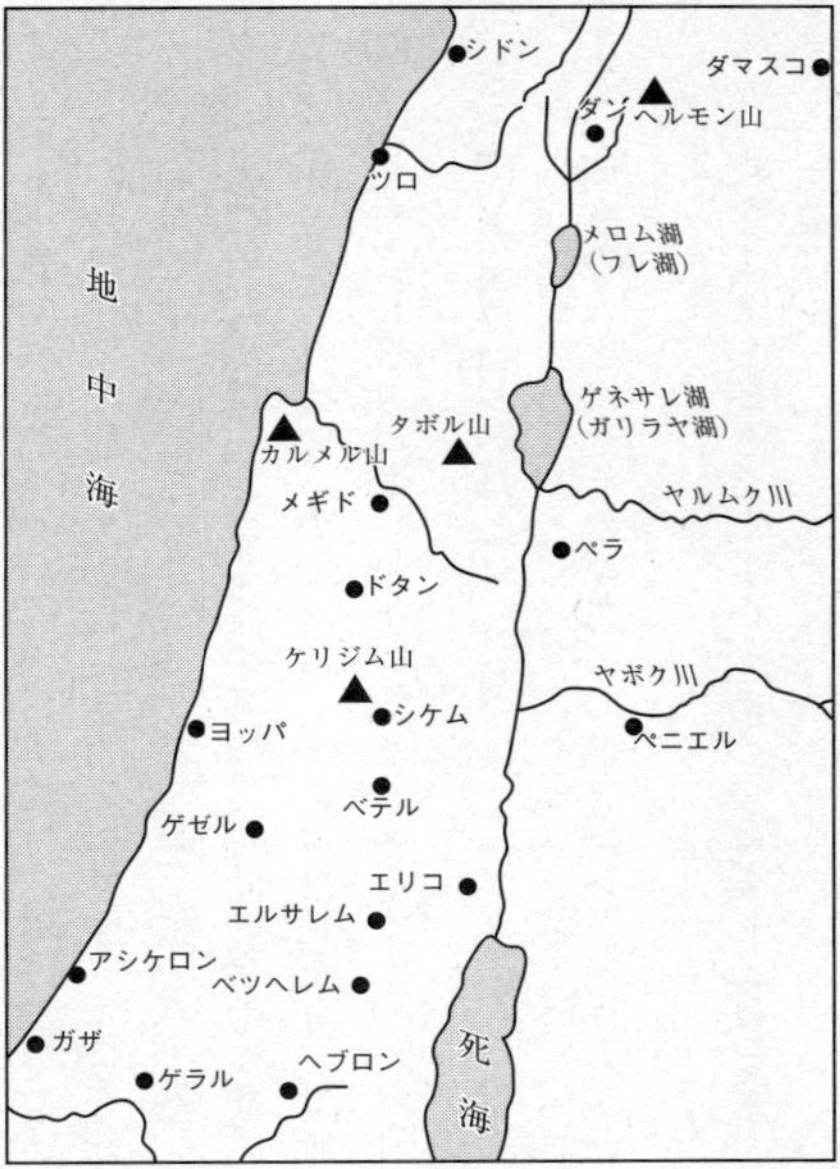

わたしの願いを聞いてください。ツォハルの子、エフロンにお願いして、あの方の畑の端にあるマクペラの洞穴を譲っていただきたいのです。十分な銀をお支払いしますから、皆様方の間に墓地を所有させてください」（創世記二三・八―九）。

アブラハムの申し出は、もはや誰の耳にも疑問の余地がない。代価を払うから、土地を売ってほしいとたのんでいるのである。それは畑地としては価値のない、ほら穴であったが、畑であることに変りはない。彼は畑を入手したかった。

やっと入手したエフロンの畑

すると、周囲の人々に、その持ち主のエフロンという人がいて、人々の前で、こう答えて言った。

「どうか、御主人、お聞きください。あの畑は差し上げます。あそこにある洞穴も差し上げます……」（創世記二三―一一）。

アブラハムは、彼が指定した畑の使用権を、人々の前で認められたということになる。しかし、それでもまだ彼は満足しない。アブラハムは、どうしても代価を払って買いとりたいのである。物語は、アブラハムが執拗に喰いさがって、ついに銀四百シケルを、持ち主の手ににぎらせたことを伝えて終わっている。アブラハムは、エフロンの畑を取得した。使用権ではなく、所有権を入手したのである。その土地は、村人たちの前で、正式にアブ

アブラハム一族の墓地に、後になって建てられたイスラム教寺院

ラハムの所有として認められた、と創世記はしるしている。

アブラハムは、妻のサラを畑のほら穴に葬る。それは生涯を寄留者として生きた、ひとりの女の墓であった。しかしそれは、異邦の民のあいだにあって、一片の土地も持つことのなかったアブラハムが、生涯かけてついに取得することのできた、ただひとつの土地であった。

エピソードには、アブラハムの胸中にあるひとつの確かなのぞみがにじみでている。そののぞみを、妻サラの葬りの日に、アブラハムは成就することができた。エフロンの畑には、神の約束の土地にたいするアブラハムの悲願が、こめられていたのである。

後日譚になるが、アブラハムが死んだとき、その子イサクは、この同じ畑に父の遺体を埋葬する（創世記二五・七―九）。寄留者アブラハムの生涯の、そこが終わりの地となった。

土地を求めての旅

このようにして、アブラハムが死に、そのあとを継いだ息子のイサクが死に、そのまた息子の、エジプトにくだったヤコブが死に、イスラエルの全歴史は、その本質において寄留者の歴史であることを、浮き彫りにしていく。

新約聖書ヘブライ人への手紙の一節は、それをみごとに要約しているが、それはアブラハムにはじまる寄留者の生涯が、その本質において何であったかを、あますところなく語っている。

「この人たちは皆、信仰を抱いて死にました。約束されたものを手に入れませんでしたが、はるかにそれを見て喜びの声をあげ、自分たちが地上ではよそ者であり、仮住まいの者であることを公に言い表したのです。このように言う人たちは、自分が故郷を探し求めていることを明らかに表しているのです。もし出て来た土地のことを思っていたのなら、戻るのに良い機会もあったかもしれません。ところが実際は、彼らは更にまさった故郷、すなわち天の故郷を熱望していたのです。だから、神は彼らの神と呼ばれることを恥となさいません。神は、彼らのために都を準備されていたからです」（ヘブライ人への手紙一一・一三―一六）。

ここには、生涯をとおして、旅人であり続けたアブラハムへの鎮魂がある。神の約束を固く信じ、寄留者として旅の途中に生涯を閉じた、もの言わぬ魂への慰めがある。

しかし、アブラハムの本心が、このヘブライ人への手紙の著者のいうように、はたして天にあるふるさとの渇仰にあったかどうか。アブラハムだけでなく、その子イサクも、さらにヤコブも、彼らの真実のねがいがどこにあったか。こうした族長たちの真に求めていたものと、新約聖書の手紙の著者との間には、大きなひらきがある。

アブラハムの旅の開始がそうであったように、彼らの生涯かけての遍歴は、終始一貫、土地取得の願望につらぬかれていた。土地を求めて、彼らはさまよい続けた。土地を求めることと、神を求めることとは、彼らの中で、まったくひとつになっている。かれらの願望が、いかに切実で激しいものか、測り知ることができない。

しかし、現実はどうであったか。行く先々、アブラハムが経験した絶望的な拒絶が、すべてを物語っている。危険をおかして接近した異邦の町や村落で、彼らは、いかに大きな犠牲を払わなければならなかったか。しかし、それとひきかえに、かろうじて得た代償は、ようやく寄留の許可にすぎなかった。これが、寄留者への、ぎりぎりの好意であった。

エフロンの畑の挿話が、長くイスラエル民族の記憶にとどめられ、伝承として伝えられた理由には、それなりの根拠があった。エフロンの畑の取得、その所有権の獲得は、たとえ墓地としての条件づき使用であったにせよ、イスラエルの歴史をとおして、画期的な出来事であったに違いないのである。

アブラハムは、もしも望むなら、この取得した土地を足がかりに、さらに有利な条件をつくりあげていくこともできたはずである。それは、さらに大きな土地取得の願望につながっている。エフロンの畑は、人々の心に、約束の土地への幻想を、ますます強くかきたてる役割を果たしはしなかったであろうか。

寄留者の倫理

遊牧生活から農耕生活へ

ところで古代社会における農耕民や遊牧民の生活は、変化にたいして、想像以上に固定的な、いわば伝統指向的性格によって支配されていたとみることができる。このことは、旧約聖書を理解する場合、とくに重要な鍵となる。

たとえばレバノンの農民は、数世紀にわたって、たえずアラブの騎馬民族の侵入と略奪にいためつけられてきたが、どれほど侵略をうけても、農民はけっして、手から鋤を離すことはしなかった。その結果、ふたたび略奪をうける。歴史はそのくり返しであった。そして、このようなくり返しは、肥沃な谷が、ついに砂漠同然になり、農民も遊牧民も、期待するものが、もはやまったく存在しなくなるまでは、けっして止むことがなかったのである。

しかし不思議なことに、こうした絶望的な状態においてさえ、農民が遊牧民になることを夢みたり、反対に遊牧民が農耕民になろうとしたりすることは、まれにしか起こることがなかった。農民も遊牧民も、先祖伝来、自分に振りあてられた役割を、自分ひとりの意志によって変えることができるとは、夢にも信じることができなかったからである。古代社会において、こうした伝統指向的性格が、どれほど根強く人々の心を支配していたか、推して知るべしである。

さて問題は、こうした状況において、アブラハムが、彼の一族と共に開始した行動は、どのように理解されねばならないか、ということにある。そこには明らかに、変化への志向がある。伝統的パターンからの逸脱がある。

それはどのようにして起こったのであろうか。すでに先にも述べたように、この変化への志向は、遊牧、移動の生活から定住農耕生活をめざす生活形態への転換であった。これが、どのような仕方で起こったか。聖書には、いっさいその説明がない。あるのはアブラハムにのぞんだ、神の声だけである。アブラハムは、ただ神の声に従った。

それが旅のはじまりであった。もっとも、人類歴史の発展は、遊牧移動の放浪生活から、定住農耕生活への段階的進化の歴史であるという進化論的定説からすると、アブラハムの

砂漠の過酷な生　ヨルダン大使館提供

行動には、少しの不思議もない。それはしごく当然の行動であった。

しかし遊牧の民が、ある日突然これまでの生活に終止符をうち、農耕民になろうとするようなことが、いったいどのようにして起こるのであろうか。そのためには、個人史の上でも社会史の上でも、めざめた人間が群れのなかにあらわれる必要がある。遊牧民に生まれ、遊牧民として育てられたひとりの人間が、ある日、伝統的な志向の殻を破って、農耕民になることだってできるのだと考える。こうしためざめた人間が、民族の運命を変える使命を背負うのだ。

寄留者の倫理は弱者の倫理

アブラハムは、イスラエルの歴史における、そうしためざめた人間、伝統志向の殻を破った最初の人間ではなかったか。そうしためざめのなかで、彼は親族に別れ、父の家を離れることができた。こうしためざめのなかで、彼は、主が言われたように、まだ見ぬ約束の地にむかって旅立つことができた。しかも、特筆に価するのは、彼が侵略や略奪によらずに、正当な取引によって、農耕民の仲間入りをしようとねがったことである。

たしかに彼は勇敢に戦って、敵をけちらしたこともある。しかし、その戦闘は、敵にとらえられた甥のロトをはじめ、奪われた財産や民を奪回するための闘争であった（創世記一四）。彼は、生涯をとおして、侵略のための闘争とは無縁であった。

エフロンの畑の挿話には、軍事力や略奪によってではなく、取引によって、しんぼう強く新しい関係をつくりあげていこうとする態度があらわれている。こうした生き方や態度もまた、アブラハムがめざめた人間であったことを物語るものなのだ。新しい関係は、こうした努力のなかで、築かれていくほかにない。もっとも、皮肉な見方をすると、侵略や略奪をおこなうためには、相手にくらべて余りにも、アブラハムの力が弱小すぎたという事実があったかもしれない。

たしかに、神がアブラハムにむかって、「あなたを大いなる国民にし」、「あなたの名を高める」（創世記一二・二）といわれたのは、彼の力が小さかったからにほかならない。しかし、彼の旅立ちには、もっと大きな強い国民になろうとする願望があったはずである。彼がそうだとすると、アブラハムは弱者の倫理にしたがったということになる。問題は、この弱者の倫理を、どこまで彼が貫徹できたか、ということである。少なくともアブラハムの倫理は、その子イサク、そしてヤコブまでは確実に継がれていった。

寄留者の倫理は弱者の倫理だったのである。創世記には、そうした挿話があふれている。しかし、イサクからヤコブへ、そしてヤコブの子たちの代になると、事情は次第に違ってくる。寄留者でこそあれ、群れの数は大きくなり、奴隷の数も増大して、すでに他部族を脅かすほどの、勢力になりつつあったからである。

ゴシェンの地へ移動する

たとえばヤコブの子たちによる、カナンの地シケムの町の殺りくは、こうした力関係を背景に発生したといえる（創世記三四）。

弱者の倫理は、彼らにとって、もはや甘受しがたいものになっていた。しかし、いぜんとして、彼らが寄留者であることには、少しの変わりもなかった。だからやがて大飢饉が、カナンの寄留地一帯をおそい、ヤコブ一族が、激しい飢餓にみまわれたとき、彼らはまさに群れの大きさのゆえに、ますます苦しい移動をしいられた。かろうじてヨセフの誘導によって、エジプトにたどりついた彼らは、エジプト王の前で、こう言わねばならなかった。

「あなたの僕（しもべ）であるわたしどもは、先祖代々、羊飼いでございます。［…］わたしどもはこの国に寄留させていただきたいと思って、参りました。カナン地方は飢饉がひどく、僕たちの羊を飼うための牧草がありません。僕たちをゴシェンの地に住まわせてください」（創世記四七・三―四）。

ゴシェンの地が正確にどこかはわからない。おそらくナイル河口に近い東部デルタの牧草地帯であったろう。こうした遊牧地を当時の都市国家は、都市周辺にもっていて、牧草地を求めて移動する遊牧民に、期間を限って、寄留地としての使用を認めていたのである。それは、乳製品と農産物との交換という商取引のためにも、必要であった。

ゴシェンと推定される地域

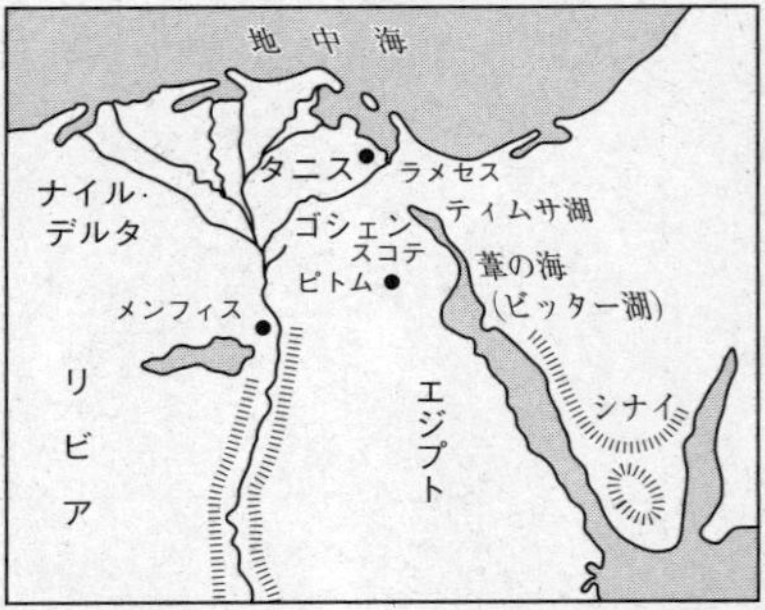

エジプトへくだったヤコブの群れは、一族だけで七十人に達する大家族であったという（創世記四六・二七）。これだけの家族の生活を支えるにたる羊や牛や、家畜を扱う者たちや奴隷の数を加えると、群れの数はどれだけの数になるのか。しかし、どれほど大きな数になろうとも、彼らが寄留者であることには変わりがない。彼らはアブラハムがそうであったように、そしてイサクがそうであったように、寄留者の倫理にしたがって、行動するほかなかったのである。

やがて、ヤコブが年老いて、ついにエジプトの寄留先で死の床についたとき、彼は、その子らをひとりひ

サロモン・デ・ブライ《父と兄弟をエジプトに迎え入れるヨセフ》

とり枕辺によんで祝福したのち、こう命じて息絶える。

「間もなくわたしは、先祖の列に加えられる。わたしをヘト人エフロンの畑にある洞穴に、先祖たちと共に葬ってほしい。それはカナン地方のマムレの前のマクペラの畑にある洞穴で、アブラハムがヘト人エフロンから買い取り、墓地として所有するようになった。そこに、アブラハムと妻サラが葬られている。そこに、イサクと妻リベカも葬られている。そこに、わたしもレアを葬った。あの畑とあそこにある洞穴は、ヘトの人たちから買い取ったものだ」(創世記四九・二九―三二)。

ヨセフは、父の顔に伏し、口づけ

して、泣いたという。ヤコブの子らは、父の命じたとおりに、遺体をカナンの地に運び、エフロンの畑のほら穴に葬った(創世記五〇・一―一三)。

父の葬りのために、ヨセフにしたがってカナンに上った者は、ヨセフの全家族と兄弟たちの家族および父の家族の他に、パロ(エジプト王)のもろもろの家来たち、長老たち、それに戦車と騎兵であった。行列がヨルダンの向こうに着いたとき、その地の住民は驚いてこう言ったという。

「あれは、エジプト流の盛大な追悼の儀式だ」(創世記五〇・一一)と。

寄留者的生活を条件づけるもの

アブラハムからイサクを経て、ヤコブにいたる遍歴物語は、イスラエルの歴史を通じて族長史とよばれている。それらはいずれも、民族の始源と由来を語る始祖物語の系譜に属する伝承であり、神話と伝説の集成であった。しかし、それにもかかわらず、伝承に流れる一貫した願望は、アブラハムに流れを発する一群の小さな民が、いかなる状況から、いかなる仕方で、歴史の表面に浮上してきたかを、興味深く伝えている。

それは、二つの明白な輪郭をもって描きだされている。一つは、彼らの放浪の旅は、終始一貫、「土地取得」の旅であったこと。その二は、彼らが余儀なくしたがった寄留者の生活は、砂漠の民ベドウィンとポリス的生活者との、ちょうど中間に位置していたこと。

砂漠の生活者であるベドウィン

問題は、たとえ彼らにとって余儀ないものであったにせよ、彼らの寄留者の生活が、いかなる風土的、社会学的条件のもとで可能であったか、という点にある。これを正確に理解するためには、ベドウィンの生活とポリス的生活との、二つを知ることが先決である。寄留者の生活は、両者の利害の調停線上に成立したと考えられるからである。

砂漠生活の原理

ところで、肝心のベドウィンであるが、この生態がよくわからない。そもそもベドウィンとは、正確に何ものなのか。本多勝一『アラビア遊牧民』（講談社文庫一九七二年）によると、通常セム族の間では、人間はすべてアラブとハザルの二つに大きく分類されるという。アラブは砂漠の天幕生活者、ハザルは家屋生活者である。この二つが、さらにそれぞれ二つに細分される。アラブについては、ベドウィンとシュワヤ。ハザルについては、カラワニとライイエである。

ベドウィンが、ラクダを主力とする完全な砂漠の遊牧民であるのに対し、シュワヤは同じ砂漠の生活者でも、主力は羊と山羊であり、オアシスからあまり遠くないところを移動する。こうした違いがハザルにもある。カラワニが完全な定住家屋居住者であるのに対し、ライイエは雨季期間に限る家屋生活者である。

これからすると、ベドウィンとは、ラクダを主とする徹底した砂漠の生活者ということになる。もっとも言語学的にも「ベドウィン」とは、アラブ語の「バーディア（砂漠）に住む人」の単数名詞「バダウィー」（複数はバドウ）の転訛した名称であり、厳密には、ラクダだけを遊牧する完全な遊牧民をさしていた。それが拡大されて、しばしば半遊牧民的なシュワヤも含められる場合も生じたが、それは混同にすぎない。

ウェーバーの『古代ユダヤ教』によると、本来のベドウィンは、徹底して農耕を嫌い、家屋や城砦を軽蔑し、もっぱらラクダの乳とナツメ椰子（やし）の実を、食べて暮らしていたという。彼らは、都市住民の嗜好するぶどう酒を禁じ、あらゆる種類の都市（ポリス）的組織化を拒否し、シェークとよばれる一族の長の絶対的統率のもとに、彼らだけの天幕共同体を維持してきた。彼らは、共通の先祖から出ている場合をのぞいて、他の天幕に隣接して生活することを極端に嫌悪し、共同の敵にたいしては、血の復讐の掟によって、強固な団結を誇ってきた。

ところが興味深いのは、こうしたベドウィン間の勢力が、泉をめぐる戦闘と砂漠を走る隊商路の支配権によって、決定されていたことである。土地が財産として所有されることのないかわりに、泉や隊商路にたいする権利の確保が、彼らの最大の関心事となっていた。隊商路の支配権は、砂漠を通過する外国商人にたいする一種の通行税的掠奪権であったが、それは財源の獲得のためだけでなく、部族の間に、自己の勢力を誇示し、群れの拡大を図るために不可欠の権利であったという。こうした原理が、ベドウィンの行動を決定していた。すべての砂漠的生存は、多かれ少なかれ、こうした原理に依存していたといってよい。

ポリス生活の原理

こうしたベドウィンの生き方を一方の極とすると、他方に都市（ポリス）の生活があった。もちろんそこには大小さまざまの規模と様式の相違がある。単に小さな市場を共有するにすぎない、小さな農民層の集落から、独自の宗教と軍事組織をもち、交易市場をかかえた地中海型ポリスまで、さまざまな段階がそこにはある。しかし、そうした違いにもかかわらず、ポリスにはポリス居住者に共通の、一定の原理が働いていた。

ウェーバーにしたがって、もっとも古代的と推定される、貴族的氏族支配型のポリスを例に、それをみてみることにしよう。ここでは、ポリス内居住者は、封土（レーエン）の所有者である貴族的氏族に限られていた。土地所有者であること、そして軍事力の所有者であること、この二つがポリス内居住の条件であった。つまり、ひとつのポリスは、こうした少数のポリス内居住者と、それに隷属する多くのポリス外居住者（ペリオイコイ）によって成り立っていた。

このペリオイコイは、農民層からなっていた。彼らの多くは、賦役奴隷か小作奴隷であり、債権者である貴族にたいして、いわば債務者として隷属していた。彼らは農事暦にしたがって決められた農作業に従事し、穀物や果実の栽培、牛の飼育、そして年貢の納入にしたがっていた。ポリス内居住者の生活は、農民にたいするたえまのない搾取によって維持されていた。

ベドウィンと農民との間で

このように一方には、自由な野の民ベドウィンが、他方にはポリスの貴族に隷属し、たえまない搾取に生きる農民がいた。この極端に相反する生き方の中間に、イスラエルの族長たちの半遊牧民的―半定住農民的寄留者（ゲーリーム）の生活が、存在したのである。

彼らは、山羊と羊を飼う者たちであり、ウェーバーによると「半遊牧民的小家畜飼育

半遊牧民的小家畜飼育者はベドウィンとポリス居住者の中間にいた
イスラエル大使館広報部提供

者」であった。彼らは、固定した家屋をもたない天幕生活者であり、ぶどう酒をきびしく禁止する（エレミヤ書三五）点で、ベドウィンと似ていたが、他方、オアシスを中心とするポリス居住者に接近し、彼らと一定の法的関係を締結することによって寄留者となり、生活を維持していく点で、ベドウィンとは一線を画している。先の分類で言えば、むしろシュワヤに近い。

興味深いのは、この法的関係であるが、それは単に、農民との暴力沙汰や、不必要な敵対関係の防止という消極的効果以上に、たとえばポリス周辺耕地の「残株採集権」（要するに落ち穂ひろいの権利）や休閑牧場の使用権、さらに移動通行権の確保という、彼らにとって実質的な利益を含んでいた。しかし、それだけではなかった。それはベドウィンの略奪にたいする、相互防衛というさらに切実な問題を含んでいた。

想像されるように、小家畜飼育者の群れは、彼らの飼育する羊や山羊が、移動において緩慢である結果、つねに容易にベドウィンの掠奪の対象となった。こうした状況は、収穫期が近づくたびに、ベドウィンの襲撃に悩まされ、直接的な被害者の憂き目をみる農民のそれと共通し、両者の間に同盟（ブンデ）をつくり、同盟仲間（ブンデスゲノッセン）となる道を開いたのである。両者間のこうした相互依存の関係が、寄留者的生活を可能にする社会学的条件であった。

アブラハムの生き方

アブラハムは伝承によると、羊のほかにラクダを飼ってはいたが、ぶどう酒を口にせず、牧草地の使用権を認められた寄留者として、オアシスからオアシスへ、一族を連れて遍歴した。伝承によれば、彼がはじめて取得したエフロンの畑は、一族の墓地であったにすぎない。その子イサクも同様、彼の生涯も遍歴の人生であった。彼もまた寄留地を求めてさまよい、ゲラルの地に天幕を張り、井戸を掘るのであるが、しかし、幾度もその場所を変えねばならなかった。ヤコブは、本質的に天幕に住む家畜飼育者として伝えられている。彼は、シケムに寄留者として居住したとき、幸運にも、幕営地の一部を取得することに成功する（創世記三三・一九）が、しかし、彼が寄留者であったことには変りがない。彼は、自らを「家畜を飼う牧者」として語っている。そう語ることによって、確実に必要な牧草地を確保できることを、彼は知っていたのである（創世記四六・三三―三四）。

土地取得から神との契約へ

さて、われわれは、アブラハムにはじまる一大遍歴物語の始終をとおして、明瞭に、ひとつの主題を読みとることができる。それは「土地取得」の主題である。族長たちの遍歴物語は、構成上の複雑な曲折にもかかわらず、全体として「土地取得」という、ただひとつの主題によって貫徹されているのである。ここに、伝承の担い手、その製作者の意図がある。創世記の最古の資料の結集は、ソロモン王の紀元前九五〇年頃、まさに統一イスラエル王国の全盛期に相当する。イスラエルが、パレスチナ全土を占領し、そこに王権を確立したその時期に、イスラエル民族の起源を伝える始祖物語が、「土地取得」伝承として編集された。物語の主題は、古代イスラエル民族がたどった遊牧民から農耕民への、歴史的転換という社会学的事実と、正確に対応している。砂漠のなかの寄留者の遍歴物語は、そうした民族の幾世紀にもわたる行動の軌跡を伝えている。

一方、この主題には、イスラエル民族のふたつにひきさかれた運命が暗示されている。カインの物語は、その予徴であった。神ののろいの結果、エデンの東に追放された農耕者カインは、砂漠から沃地への脱出をはかるイスラエルそのものであった。問題は、カインにたいする神ののろいである。大地に流されたアベルの血ののろいから、未来永劫逃れることのできないカイン。このカインにたいするのろいには、伝統的な遊牧文化を否定し、その破壊者となった農耕文化にたいする断罪のひびきがある。こののろわれたカインの血から、いかにしてイスラエルは自由に解放されることができるか。

聖書記者は、そのために、大洪水を用意した。しかし、生き残った義人ノアの血に、カインの血が流れている事実は動かない。罪の問題は、イスラエル民族をゆるがす根本問題として、すでに予見されているのである。問題は、いかにして、神との間に「和解」を、取り戻すことができるかにかかっている。このようにして、神との「契約」の問題が、イスラエル民族の運命をうらなう、かなめ石となった。

Ⅱ　契約祭儀伝承——ヤハウェ共同体の論理と行動

古代オリエントの祭りとエジプト脱出

出エジプト伝承

アブラハムからイサクへ、イサクからヤコブへ、一族の運命をかけた遍歴の旅は、世代から世代へ引き継がれていった。このようにしてユーフラテス河上流、北部メソポタミアを起点に開始された一族の旅は、ヤコブの代には、はるか南のエジプトのゴシェンの地にまで達した。この寄留地でヤコブは死に、その子のヨセフも命を終えた。次の物語はこのゴシェンからはじまる北帰行の旅物語である。しかしそれを遍歴の旅と呼ぶことは、もはやできないだろう。モーセによるエジプト脱出を境に、新しい変化がすでにはじまっていたからである。

それはいったい何であったか。われわれは、出エジプト記一——一五章のエジプト脱出の記録に眼をとおすことからはじめよう。物語は、英雄モーセの誕生から、葦の海の奇跡の勝利にいたる一大ドラマからなっている。内容を区別すると次のようになる。
一　モーセの誕生（出エジプト記二・一―一〇）。
二　モーセのエジプト人殺害とミデアンへの逃亡（出エジプト記二・一一―二二）。
三　モーセの召命（出エジプト記三・一―四・二〇）。
ここまでが、英雄モーセの出現前史である。数奇な運命の星のもとに、エジプト宮廷に育まれた無名の一イスラエル人モーセが、ある日、エジプト人の使役に呻吟する同朋の苦難をつぶさに見、神の促しによって、解放闘争に立ち上がる。そこにいたる苦悩が、簡潔に描かれている。ドラマの後半は、こうした指導者モーセの登場からはじまる。それは、イスラエル民族の解放闘争の開始であった。
四　モーセ、エジプト王にたいし、イスラエル人の解放を要求する（出エジプト記四・二七―三一、五・一―三）。
五　弾圧の激化（出エジプト記五・五―二三）。
六　逡巡するモーセと神の促し（出エジプト記六―七）。
七　王との争い、一〇の災禍（出エジプト記七―一一）。
八　過越と種入れぬパンの祭り（出エジプト記一二）。
九　脱出決行と葦の海の奇跡（出エジプト記一二・三一―五一、一四・五―三一）。
一〇　勝利の讃歌（出エジプト記一五）。

物語は、脱出の成功を祝う勝利の讃歌と、女預言者ミリアムの戦勝の舞いで終わっている。ミリアムは手にタンバリンをとり、踊りながらこう歌う。

「主に向かって歌え。
主は大いなる威光を現し
馬と乗り手を海に投げ込まれた」（出エジプト記一五・二一）。

祭儀ドラマ

こうした区分からも知られるように、物語は、けっして単純ではない。いくつかの主題が、複雑にからみ合っている。それをときほぐす作業は容易な業（わざ）ではない。事件の背景も、正確には、不明のままといってよい。

一説には、ラメセス二世の治世（紀元前一二九九―一二二五年）から、その子メレンプタハの治世（紀元前一二二五―一二一五年）にいたる時代の出来事であったとみる説もあるが、推定の域を出ない。傍証する資料が皆無なのである。

かりにそれが正しいとしても、資料層の分析から、紀元前九―八世紀と推定される出エジプト記の製作年代との間には、少なくみつもっても四、五百年のひらきがある。このひらきは大きい。けっきょく伝承の背後に、何らかの歴史的事件が存在したことを想像するのは自由であるが、物語の史実性は疑問のままだというほかない。

われわれには、ただひとつの主題が確認されるだけである。それはイスラエルが、彼らの神ヤハウェによって、エジプトから導き出されたということ。エジプトの隷属からの脱出という主題である。出エジプト記は、この主題の反復によって、筋書きを展開していく。それは単に出エジプト記の主題だけではない。創世記から申命記、そしてヨシュア記にいたる、いわゆる旧約六書の根本主題なのである。

ところで、こうした主題も含めて、出エジプト記一―一五章の全体が、実は、ひとつの完結した神話であり、祭儀ドラマであるという見方がある。北欧祭儀学派のヨハネス・ペデルセンの「出エジプト記」祭儀説がそれである。

それによると、出エジプト記の全体は、祭儀の折に朗誦される式文だったというのである。しかもそれは、単に朗誦されるだけでなく、ドラマとして演じられた一種の祭儀劇であったという。ペデルセンは、物語のプロットに古代オリエントの「過越祭」(ペサハ)のイスラエル的演出をみたのである。ペサハとは旅支度をととのえて、大急ぎで食べることからはじまり、次にねり粉のこね鉢をかかえて立ち上り、悪魔の攻撃を逃れて、目的地にむかって行進する遊牧民の祭りであった。

こうした「過越祭」の伝承に、モーセの英雄物語や葦の海の奇跡がとりこまれ、物語はイスラエル解放闘争の勝利の歴史ドラマに再生された。エジプト脱出の物語は、「過越祭」と結合した祭儀神話であり、祭儀劇であったという。

モーセに率いられての出エジプト経路

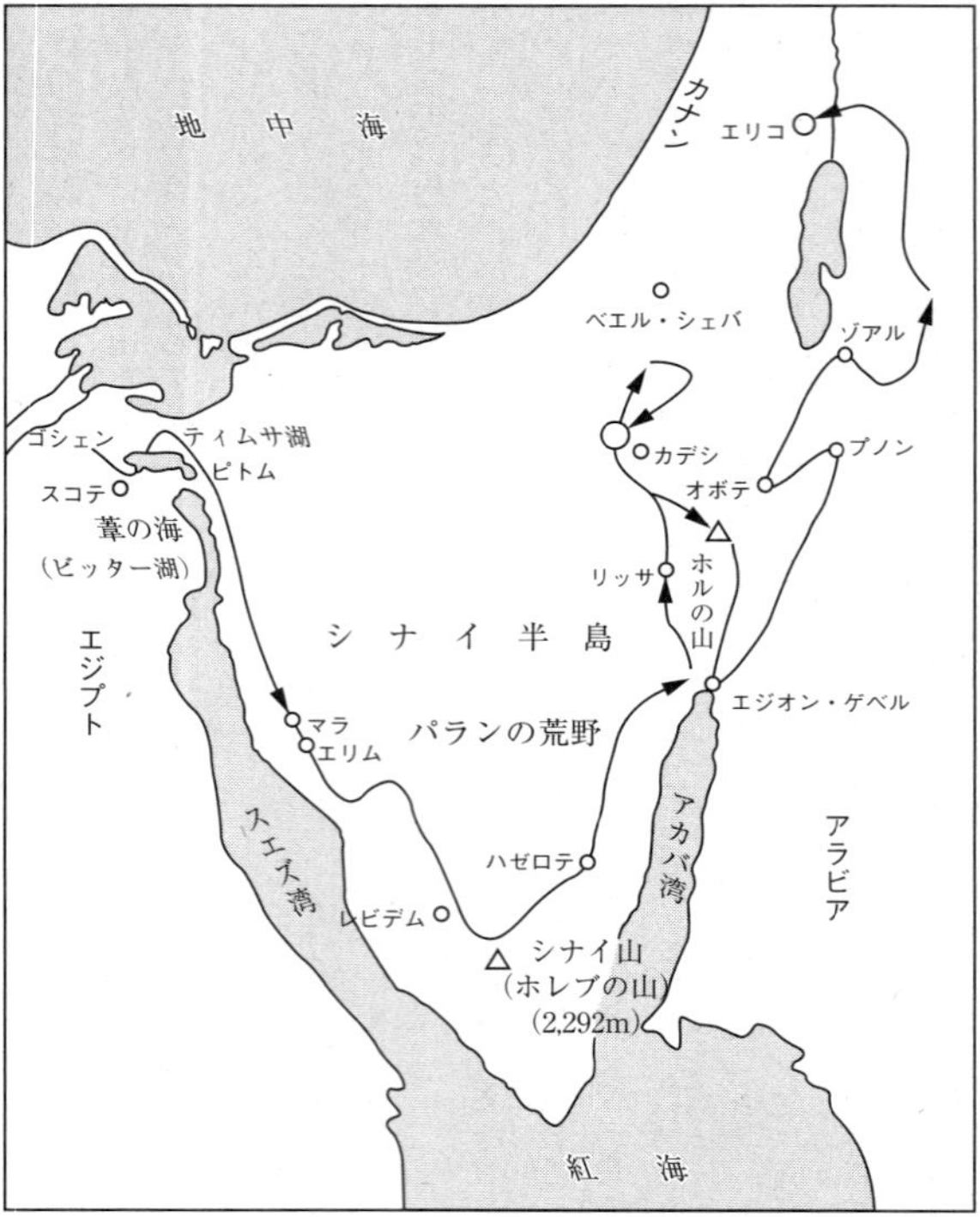

さてモーセのエジプト脱出が、古代イスラエルの祭儀劇であったとすると、われわれは当面、あの厄介な史実問題からは解放される。ドラマであり神話である以上、史実かどうかの問題は、さしあたり二義的関心に、後退せざるを得ないからである。問題の焦点は、エジプト脱出物語の原型となった古代オリエントの「過越祭（ペサハ）」に移行する。いったいペサハとは、いかなる祭りであったのか。

古代オリエントのペサハの祭り

ペデルセンに続く北欧祭儀学派の俊英、ウプサラのイワン・エンネルは、この問題について次のようにいう。ペサハの祭りには、それ自体、長く錯綜した歴史がある。それは屈折して変容し、すでにその原型を復原することは絶望的でさえあるが、しかし、その起源をたどると古代オリエント、カナン地方の農耕祭、春祭りの行事に到達すると。

出エジプト記一二章に歴史化されたイスラエルのペサハの祭りは、元来カナン地方に伝わる春祭りであった。祭りは「野」にむかっての「王」の勝利の行進と神婚の儀式(Hierogamy, ギリシア語の「聖なる結婚」)からなっていた。それは死の世界に擬せられる、乾季の眠りからさめた穀物霊の再生を祝う祭りであった。そこでは、祭りの主役は「神―王」であった。というのは、「王」は穀物霊そのものとみなされていたからである。モーセのエジプト脱出とシナイ半島の荒野の行進のドラマは、こうしたオリエント的「神―

王」の穀物霊再生の祝祭を原型として、成立したのであるという。

しかしこのエンネルの解釈には無理がある。というのはモーセのエジプト脱出の行進と、カナンの王の結婚の行進とを結合するためには、もっと細かな伝承史的検討の裏づけがなされねばならないからである。エンネル説には、それが致命的に欠けている。戦後ドイツの旧約学を代表するゲルハルト・フォン・ラートやマルティン・ノートの、いわゆる旧約聖書研究における「伝承史学派」の批判は、まさにこの点に集中している。

変化する祭りの主題

マルティン・ノートによると、旧約聖書、旧約六書をつらぬく中心テーマは、「イスラエルの神ヤハウェは、イスラエルをエジプトから導き出した」という、ただひとつの命題につくされるという。ノートは、これをイスラエルの「原告白」と名づける。それが、どのようなプロセスをへて、定式的な信仰命題へと結晶したのか。そのための素材は何であったか。ノートによると、出エジプト記一五章の女預言者ミリアムの勝利の歌に、典型的な仕方でそれが表現されているという。

「主に向かって歌え。／主は大いなる威光を現し／馬と乗り手を海に投げ込まれた」（出エジプト記一五・二一）。

ここには、「海」の勝利のモチーフがある。こうしたモチーフが、祭りの「歌い手」の

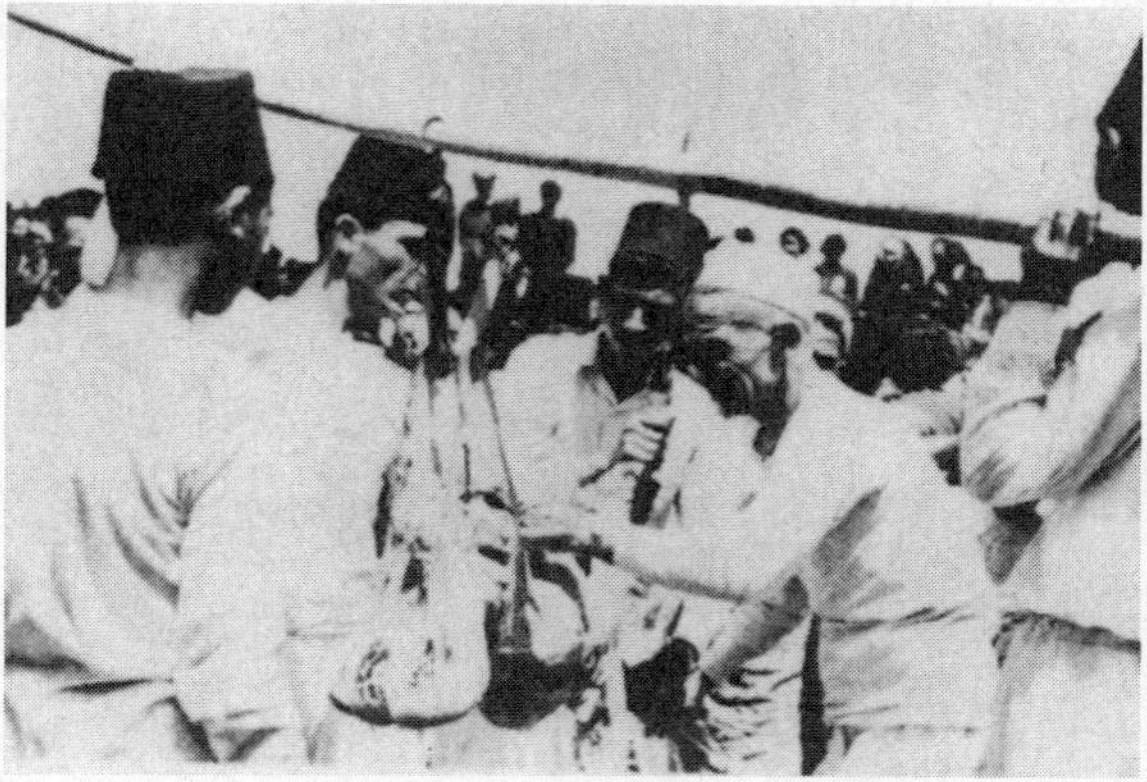

ペサハの祭りのために小羊を準備する現在のサマリア人

創意によって豊かにされ、葦の海の奇跡を頂点とした脱出物語にむかって拡大していった。しかもこうした「原告白」の形成過程に、古代オリエントの「過越祭(ペサハ)」が、決定的な仕方で影響を与えたと、ノートはみる。

ノートによると、ペサハの祭りはモーセ以前においては、パレスチナ－シリアの遊牧民に伝わる魔除(まよけ)にからんだ夜の祭りであった。悪魔は「初子(ういご)」をねらって、夜やってくる。その襲来にそなえて、人々はベドウィンの常食する「種入れぬパン」(イースト菌を用いないパン)と高地の苦い野菜を食べ、羊をほふり、その血を天幕の入口に塗らねばならない。祭りは、元来、遊牧民が、夏の牧草地にむかって移動する前夜の祭儀であった。時は春分にもっとも近い満月の夜。祭りは、「種入れぬパン」の食事と血の儀式からなっていた。

ところで、ここから先が問題なのだと、ノートはいう。というのはこうした原初のペサハの祭りは、モーセ以後、急速に本来の意味を失っていくことになるからである。最初の変化は、イスラエルのカナン定住後にやってきた。遊牧民から農耕民への移行の過程で、牧草地への移動という祭りの本来の動機が、無意味化されていったからである。祭りの主題は変化した。新しい「牧草地への安全な移動」の祭りは、「農耕地を確保し収穫を祈願する」祭りに移行した。

こうした変化のプロセスをへて、祭りの主題は、エジプトの隷属から新しい沃地への導き出しをテーマとした「原告白」に結晶化し、最終的に民族誕生を記念するエジプト脱出の歴史ドラマに発展した。こうノートはいう。

この遊牧民の移動の祭りが、いかにしてエジプト脱出物語と結合し、イスラエル祭儀の、かなめともいうべきペサハの祭りとなったのか。われわれは、以上の分析をとおして、複雑にからみ合った神話と聖書の世界の断面を、垣間（かいま）みることができたとおもう。同様のことは、シナイ山におけるヤハウェ神の顕現を伝える伝承、かの有名なモーセ十戒物語にも指摘することができる。

シナイ顕現伝承

出エジプト記一九章シナイ顕現伝承は、エジプト脱出の成功に続く「ヤハウェ共同体」誕生を告げる象徴的な出来事の記述からなっている。

物語はこうである。エジプト脱出の日から数えて、ちょうど三カ月目の同じ日、神はモーセにあらわれた。ところは、シナイの山頂。イスラエルの民はふもとで宿営していた。そのとき何が起こったか。ここでも、物語から史実性をひきだすことは、断念しなければならない。そもそも、シナイの山も、その正しい位置も正確にはわからないのである。物語は、ただひとつのことを語っている。神ヤハウェとイスラエルとの「契約の締結」ということである。

神は、契約締結を求めて、モーセにあらわれた。もしもイスラエルが、神にたいして絶対の服従を誓うなら、神は、その所有する全地を、ことごとくイスラエルにあたえる。神は、こう言われた。まさにイスラエルはアブラハム以来の宿願である「土地取得」と引き替えに、神への絶対服従を求められたことになる。

モーセは山を下りて、宿営地の民に、神の要求を告げる。民は、異口同音に、こう答えたという。「わたしたちは、主が語られたことをすべて、行ないます」と。契約締結に必要な合意が、ととのえられたわけである。

それから三日目の朝、かみなりといなずまと、厚い雲とが山をつつみ、ラッパの音が高々と響きわたるなかを、神は再びモーセに顕現した。

ミケランジェロ《モーセ》

「わたしは主、あなたの神、あなたをエジプトの国、奴隷の家から導き出した神である」という宣言に続いて、律法の告知がくる。

「あなたには、わたしをおいてほかに神があってはならない。あなたはいかなる像も造ってはならない……

殺してはならない……

盗んではならない……」（出エジプト記二〇・二―一五）

いわゆるモーセの十戒である。物語ではこれに民の誓いの言葉が続く。イスラエルの民は、異口同音に、誓っていう。「わたしたちは、それをみな行ないます」と。

主題は明瞭である。それは疑いなく、神との契約にもとづく「ヤハウェ共同体」の成立を告げている。その時がいつであり、その場所がどこであったか。それを確かめることはできないが、そのために、主題に込められた意義が損なわれてはいない。

オリエントの収穫祭との結合

伝承史学派のゲルハルト・フォン・ラートは、このシナイ顕現伝承を、実は「仮庵（かりいお）」の祭りで朗誦された祭儀文であったとみる。この「仮庵」の祭りとは、「過越祭（ペサハ）」と並ぶイスラエルの祝祭であるが、本来は古代オリエントのカナン地方の農民に伝わる収穫祭であった。

イスラエルの民がカナンに定住した後、カナン地域の土着信仰をヤハウェ宗教化していく過程の中で、こうした収穫祭に新しい歴史的意義が加えられ、さらにエジプト脱出時のシナイ荒野の彷徨と、天幕生活の記憶が織りこまれ、イスラエル的「仮庵」の祭りとなったのだと、ラートはいう。シナイ顕現伝承は、こうした祭りの祭儀文そのものであり、祭りは正確にそのとおりに執行された。

儀式は、まず共同体の潔めからはじまる。そして高々と鳴りわたる神迎えのラッパによって、幕が切っておとされる。はじめに神のおごそかな顕現と自己啓示がくる。祭儀は、イスラエルにたいする律法の授与で頂点に達し、イスラエルの民の誓いの言葉で幕となる。祭りはそのまま、契約締結の儀式であった。この間、民は厚い雲につつまれたシナイ山にとどろく、かみなりといなずまをみただけであった。契約締結は、きわめて一方的な神の側の行為に終始している。

これについて学者は、神ヤハウェ自身が、煙と炎の間を通過したというこの擬人法的行為の中に、ヤハウェの立てた契約が、ヤハウェ自身において、絶対に破ることのできない確かなものであることを示す象徴的行為をみることができるという。民はただひたすら、聞くことを要求されている。「わたしはヤハウェ、あなたの神」。神はこう宣言する。ここでは神との契約が主題なのだ。いったいなぜに、神との「契約」が、イスラエルにとって、重大な第一の関心事となったのか。

ヤハウェ神との契約

シャーロームの確保のため

契約締結の問題が、それほど重大な問題となったのは、実はそれが、イスラエルの平和(シャーローム)にとって、必要不可欠の前提であったから、とみる説がある。〈契約〉なしに、イスラエルの平和はあり得なかったという。契約と平和とは、ここではほとんど同義語であったというのである。それはなぜか。

先に言及したペデルセンの『イスラエル、その生活と文化』は、これについて、鋭い示唆を示している。それによると、こうである。

平和とは、通常、争いのない状態、あるいは心の平静な状態を意味しているが、ヘブライ語の意味するシャーロームは、そうした状態とはまったく逆に、力のみなぎりあふれた動的な状態をさしている。しかも、それはけっして、精神の領域だけに限られない。物質的にも経済的にも政治的にも、しばしば軍事的にさえも、そうである。シャーロームは、すべてにわたる力のみちあふれた生活を意味していたのである。

イスラエルは、このような意味の平和を渇仰していた。問題は、その確保にある。シャーロームは、いかにして獲得されるだろうか。答えは、明瞭である。イスラエル十二部族の強力な団結、それだけである。団結こそが、砂漠に生きる民の生存の掟であった。

このことについては、すでに述べた砂漠の寄留者の、あの無力な状況を想い起こすだけで十分である。彼らがいかに、ベドウィンや都市居住者にたいして無力であったか。アブラハムの悩み、イサクの苦労の根源は、すべてそこからきた。

もしも彼らがそうした弱さを克服し、より強い国民となろうとするなら、彼らは、同朋の間に、部族の間に、破られることのない強力な団結、不動の盟約を確立しなければならない。もちろん彼らがそのことを知らないはずがない。

問題は、そうした不動の結束が、いかにして可能かということにある。部族間同志の相互的な盟約が、利害にたいして、いかにもろいか。同朋同志の信義が、どれほど容易に破られ得るか。彼らはそれを知っていた。

ここで、ただひとりの神が問題となる。すべての同朋、すべての部族が、同じひとりの神に仕えるという問題である。こうした唯一的な神の選択以外に、不動の団結の確保はない。「わたしは、あなた以外の神をおがまない」ことが、シャーロームの第一の条件となる。

モーセ十戒の意味するもの

モーセ十戒は、イスラエル民族、十二部族のこうした選択意志の鮮明な表現であった。この十の戒律は、本来、禁止命令ではなく、事実の認定に近い「断言的形式」の律法であったという。たとえば第一戒の「あなたには、わたしをおいてほかに神があってはならない」は、ヘブライ語の語法に即して直訳すると、「あなたにとって、わたしのほかに神々はないだろう。あるはずがない」となる。

同様に、「あなたは盗んではならない」は、「あなたは盗むことはないだろう。盗むはずがない」と訳される。要するに、神の恵みが絶大であるから、シャーロームが確保されていることを、事実として認定することに、関心がそそがれている。逆に禁止命令としての「わたし以外の神をおがんではいけない」には、現実におがんでいる、あるいは将来、おがむ可能性が前提とされている。

禁止命令の場合、選択意志は後退し、反対に背反行為への衝動が、頭をもたげている。

レンブラント《十戒を持つモーセ》

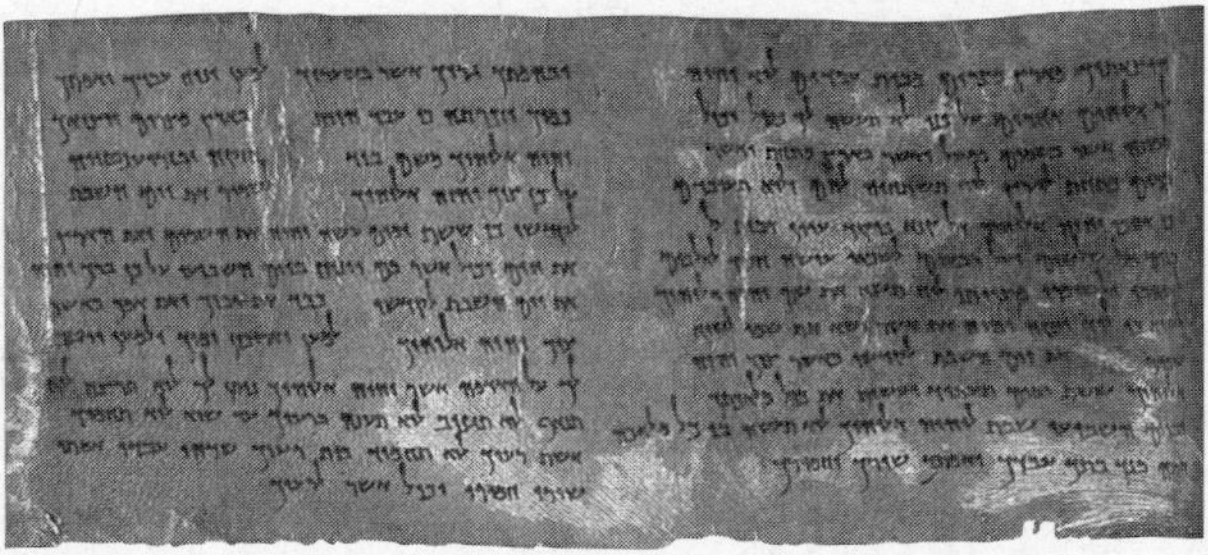

十戒のヘブライ語写本。ワディ・クムランより発見された死海文書の一部

禁止命令は、そうした衝動の抑圧にむかって効力を発揮する。十戒精神が、背反行為の衝動の抑圧ではなく、強い選択意志の表現によって裏打ちされていることを、ここで確認しておく必要がある。

シナイ山の伝承は、こうした原理が、モーセの時代に、すでに確認されたことを伝えている。否、正確な表現をすれば、モーセ以後の時代にはじめて確認されたものが、出エジプト記の作者によって、民族誕生の始源にさかのぼって、基礎づけられたとみるべきなのである。伝承には、歴史のおもてを歩みはじめた民族の決意がうつしだされている。

それは、イスラエルにとってシャーロームが、神との契約に基礎づけられない限り、不可能であることを語っている。イスラエル共同体は、祭儀的神聖同盟であり、「ヤハウェ共同体」なのであった。

「戦う神」のパレスチナ侵入

このようにみてくると、契約は第一義的に、神との平和の契約でありながら、一方、部族相互の政治的、軍事的同盟を意味していたことがわかる。この後者の性格が明瞭になるのは、モーセに続くヨシュアの時代である。そこでは神は「戦う神」となり、シャーロームは、戦闘による勝利の状態とほとんど区別がつかなくなる。ヨシュアによるカナン侵入と十二部族宗教連合（アンフィクチオニー）(注)（紀元前一二五〇年ごろ）がそれである。それは、本質において、戦う神を頭（かしら）とするイスラエル解放軍の誕生を意味していた。

注　アンフィクチオニー（Amphiktyonie）とは、まだ強固な政治的、国家的結合にいたる以前の部族間宗教連合をさしている。古代ギリシアの類似の現象にちなんで、そのように呼ばれる。マックス・ウェーバー『古代ユダヤ教』、他に、A・アルト「イスラエル」（Religion in Geschichte und Gegenwart 所収）参照。

モーセの死後、その従者である若いヨシュアが、後継者として立ったとき、主なる神は、こう言われた。「モーセに告げたとおり、わたしはあなたたちの足の裏が踏む所をすべてあなたたちに与える。荒れ野からレバノン山を越え、あの大河ユーフラテスまで、ヘト人の全地を含み、太陽の沈む大海に至るまでが、あなたたちの領土となる。」（ヨシュア記一・三―四）。

ヨシュアは、主の言葉にしたがって、ヨルダンの高い台地から低い渓谷にむかって、一斉に進撃を開始し、怒濤のようにエリコの城塞をおとしいれ、町を占領する。このエリコの攻防は、その後の戦闘の趨勢を決定した。

イスラエルは、山を越え、谷を渡り、次々に砦（とりで）を手中におさめながら、地中海の海岸にひろがるシャロンの平野をめざして、まっしぐらに進撃したのである。戦果は赫々（かっかく）たるものがあった。イスラエルは、カナンの地の大半を占領し、和睦を申し入れてきた敵は、これを捕えてたきぎをとり、水をくむ奴隷（ヨシュア記九・二七）とし、抵抗する敵は、容

ヨシュアの部下によって絞首刑にされる五人の敵王。
ピエルポント・モーガン・コレクションの彩色写本より。

赦なくこれを打ち破って、ひとり残らず息の根をとめ、家に火を放って焼き払い、町中を焼け野原にした。

旧約聖書ヨシュア記は、ヨシュアが徹底した焦土戦術と殲滅(せんめつ)作戦によって滅ぼしたヨルダン川東西の国王の数を詳細に列挙している。それは、西側だけでも三十一にのぼったという(ヨシュア記一二・一—二四)。ヨシュア記は、イスラエルが、エリコの城塞を足掛りに、いわゆる十二部族宗教連合を結成し、いかにして神の「約束の土地」への組織的侵入を達成したか、その詳細な記録、しかも戦勝の記録であった。

ヨシュアの説教

シケム伝承は、ヨシュア記二四章に

ある。この箇所は、カナン占領という宿題を果したヨシュアが、イスラエルの十二部族をシケムの地に集め、祭壇を築き、ヤハウェ共同体結成のための契約を結ぶ問題の箇所である。ヨシュアは、祭壇の前に立ち、民にむかってこう語りかける。

「イスラエルの神、主はこう言われた。

『あなたたちの先祖は、アブラハムとナホルの父テラを含めて、昔ユーフラテス川の向こうに住み、他の神々を拝んでいた。しかし、わたしはあなたたちの先祖アブラハムを川向こうから連れ出してカナン全土を歩かせ、その子孫を増し加えた。彼にイサクを与え、イサクにはヤコブとエサウを与えた。エサウにはセイルの山地を与えたので、彼はそれを得たが、ヤコブとその子たちはエジプトに下って行った。

わたしはモーセとアロンを遣わし、エジプトに災いをくだしたが、それはわたしが彼らの中にくだしたことである。その後、わたしはあなたたちを導き出した……』」（ヨシュア記二四・二―五）。

ヨシュアの言葉は、神の不思議な救いと恵みに集中している。それをイスラエルに想い起こさせること、そのことに彼の目的がある。それはアブラハムの旅にあらわれ、葦の海の奇跡にあらわれ、エリコの戦闘にあらわれ、そして今、土地取得にあらわれたという。イスラエルの歴史は、そのまま救いの歴史であったというのである。

神の言葉は続く。

「わたしは更に、あなたたちが自分で労せずして得た土地、自分で建てたのではない町を与えた。あなたたちはそこに住み、自分で植えたのではないぶどう畑とオリーブ畑の果実を食べている」。だからとヨシュアはいう。「主を畏れ、真心を込め真実をもって彼に仕え」なさい（ヨシュア記二四・一三—一四）。

ヨシュアの説教が終わったとき、会衆は、即座に答えていった。「主を捨てて、ほかの神々に仕えることなど、するはずがありません」「わたしたちが証人です」（ヨシュア記二四・一六—二二）。ヨシュアは、この日、民と契約を結び、それを律法の書に書きしるした。これがシケムの契約である。

神との契約を更新する

物語の意図は、どこにあったか。それは神との契約の更新にある。申命記によると、このシケムの契約は、モーセの遺志によるシナイ契約の再確認であったという（申命記一一・二六—三〇、同じく二七章）。ヨシュアはモーセにしたがって、契約を更新したのである。同様の記録は、ヨシュア記八章三〇—三五節にもみられる。

ヨシュアはシケムに近いエバルの山に祭壇を築き、契約確認の祭りを厳粛に執行した。彼はモーセの書きしるした律法を、民の前で石に書き写し、それをことごとく朗誦する。「ヨシュアは、モーセが命じたことをひと言残さず、イスラエルの全会衆、女、子供、彼らの間で生活する寄留者の前で読み上げた」(ヨシュア記八・三五)。

シケムの集会が、契約締結の祭りであり、しかもシナイ契約の更新であったことを、疑うことはできないだろう。ヨシュアの契約は、モーセのそれの反復なのだ。ヨシュアは、モーセのように、会衆にむかって語りかける祭司として、祭壇の前に立っていた。彼の朗誦する言葉は、神の救いと恵みについての圧縮した告知からなっており、それは会衆の心に、過去の出来事についての記憶をよびさますこと、つまり想起にむけられている。それは、言葉の本来の意味において、神話(ミュートス)であった。

マルティン・ノートは、シケムの場合も、シナイの場合も、伝承は基本的に、祭りの執行の詳細に関する忘備録であったという(M・ノート『契約の民 その法と歴史』日本基督教団出版局 一九六九年)。祭りの本質は、その正確な反復にあるからである。

神話は、反復朗誦されることによって、歴史性を獲得し、現実性を獲得する。想起とは、こうした歴史化と再生作用をいうのである。

申命記の信仰告白

こうした関連において、旧約聖書申命記二六章にしるされた美しい祭儀神話に、ふれておかなければならない。ラートによると、それは本来、旧約六書中でも最古の「土地取得伝承」に属し、過越の祭り、あるいは収穫祭に、人々によって朗誦されたものだという。

その古式で、簡潔な告白の中に、われわれは、契約宗教としてのイスラエル宗教の精髄をみることができる。その一節を引用しよう。

「わたしの先祖は、滅びゆく一アラム人であり、わずかな人を伴ってエジプトに下り、そこに寄留しました。しかしそこで、強くて数の多い、大いなる国民になりました。エジプト人はこのわたしたちを虐げ、苦しめ、重労働を課しました。わたしたちが先祖の神、主に助けを求めると、主はわたしたちの声を聞き、わたしたちの受けた苦しみと労苦と虐げを御覧になり、力ある御手と御腕を伸ばし、大いなる恐るべきこととしるしと奇跡をもってわたしたちをエジプトから導き出し、この所に導き入れて乳と蜜の流れるこの土地を与えられました。わたしは、主が与えられた地の実りの初物を、今、ここに持って参りました」（申命記二六・五―一〇）。

ここには自己の歴史にめざめ、神の聖なる民として、自己解放をなしとげた民族の誇りが、生き生きと力強くうたいあげられている。ラートは、これを申命記の信仰告白（クレドー）とよんでいる（G・ラート『旧約聖書の様式史的研究』日本基督教団出版局　一九六九年）。

カナン侵入後、農耕民となったイスラエルの民は、祭りの日に、野の収穫物を携えて聖所に集まり、それを祭壇に供えて、右の言葉を朗誦した。主題は神の救いであり、恵みであるが、それは具体的な「土地取得」が成就したことにおいて、はじめて明確化される。それは、旧約聖書六書の全思想の圧縮であった。創世記も、出エジプト記も、ヨシュア記も、ひっきょう、この告白の展開にすぎない。

告白をつらぬく救いの歴史

告白をつらぬく強力な「救済史観」は、創世記冒頭の創造物語をつらぬき、アブラハムの物語をつらぬき、モーセ十戒をつらぬき、詳細な祭儀規定の集成であるレビ記をも貫通している。人々は祭りのたびに、ヤハウェの聖所に詣で、この信仰告白を朗誦し、祭りの頂点において示される神のおごそかな意志を聴き、律法遵守を心に誓い、再び故郷に帰っていった。

こうした祭りの反復の中で、イスラエルの過去は、イスラエルの現在と手を結び、現在はイスラエルを未来にむかって指さすものとなった。まさにこのような意味において、申命記の信仰告白は、イスラエル宗教の精髄を伝える、祭儀神話の典型を示しているということができる。

イスラエル王国の形成と崩壊

士師の警告

ヨシュアに続く次の時代は、士師時代とよばれている。いわゆる「さばきつかさ」の活躍した時代である。士師とは、一口に言って、部族内部の有力な指導者をさしている。しばしば宗教的、あるいは軍事的指導者としての役割をしいられる場合もあったが、本来の職能は、十二部族宗教連合の集会において、人々に、契約と律法の忠実な履行を促し、それを監視することにあった。部族間連合は、こうした士師たちの力によって、支えられていたのである。

時代は、ヨシュアのカナン侵入に続く初期の農耕時代から、イスラエル王国形成にむかうまでの約二〇〇年。紀元前一二〇〇年初頭から一〇〇〇年の時期に相当する。イスラエル史の複雑に屈折した流れからすると、それは比較的平穏な一時期であったが、しかしやがて、イスラエルを内部から震撼させる問題が、この時期に胚胎しはじめていたのである。

それはどのような問題であったか。われわれは次に旧約聖書、士師記の記者の語るところに耳を傾けることにしよう。

すでにヨシュアが死に、ヨシュアにしたがって戦った勇敢な戦士たちも死に、イスラエルの子らは、「以前に戦いを知ることがなかった」と記者はいう（士師記三・一―二）。

数世紀にわたって繰り返された解放闘争は終結し、新しい生活がはじまっていた。イスラエルは、カナンの各地に子孫を増やし、緑の耕地を拡大した。野にはオリーブの木がしげり、いちじくの木が実を結び、ぶどうのつたが花開いていた。

イスラエルの子らは、もはや戦争を知らない。歳月は、イスラエルをどのように変えたか。士師記の記者は、この平和の中に、イスラエルの変心をみる。それは、イスラエルびとがカナンの住民と契約を結び、彼らの神の祭壇を破壊することをためらった（士師記二・一―二）結果であったという。イスラエルの人々は、主の前に悪を行ない、「バァールとアシュタロテに仕えた」（士師記二・一三）と、記者は告発する。

問題はイスラエルの民が、異邦の民カナンびとのあいだに住んで、異邦の神バァールとアシュタロテに仕えたこと、「彼らの娘を妻に迎え、自分たちの娘を彼らの息子に嫁がせ、彼らの神々に仕えた」（士師記三・六）ことにある。

多神教への傾斜

今や、エジプト脱出以来のモーセの偉業も、ヨシュアの輝かしい戦勝の記録も、すべては空しいものとなりつつある。イスラエルの父祖たちが、神の聖なる戦いによって獲得し

カナン地域を支配した豊饒の女神
紀元前14世紀　ミネト・アル・ベイダ出土

たものを、その子らは、カナンの花嫁とひきかえに、敵に譲り渡してしまった。彼らは戦争を知らない。

ヨシュア記は、戦勝の記録であった。士師記は一転して、平和によってむしばまれたイスラエルの現実を語る。否、士師記の記者は、この現実を糾弾し、戦争を知らない子らを、告発するために、これを書いているのである。彼らが平和の契約を結び、その祭壇の破壊をためらったカナンの民。彼らが手に入れたその花嫁。それらが実はすべて敵であることを、戦争を知らない子らに教えねばならない。それらは、聖戦の「残敵」、イスラエルを試みるために、神が残しおかれた「敵」なのである。こう記者はいう。

このようにして記者は、イスラエルの「残敵」を数えあげることから、はじめねばならない。士師記の記者が告発し、弾劾するのは、沃地文化におかされ、多神教化したヤハウェ主義であり、バァール主義化したヤハウェ宗教であった。ヨシュアの没後二〇〇年、イスラエルの戦争を知らない子らが当面した問題は、このような意味において、イスラエルをゆさぶる根本問題と直結していた。

皮肉なことに、この問題がイスラエルを揺るがす根本問題として自覚されたのは、イスラエルが王国結成に踏み切った、まさにそのときであった。士師時代に続く、ダビデ、ソロモンの時代である。この栄華をきわめたイスラエル史の絶頂期の王国時代にカナン宗教の本質をなす「神―王」イデオロギー(王と神とを同一視する信仰体系)が、仮面をあらわにすることになる。そのイデオロギーを、イスラエル宮廷が真先に迎えいれる。ヤハウェへの忠誠は日増しにおとろえ、いたるところで、階級の分裂と対立が起こりはじめる。かの契約共同体、神聖ヤハウェ共同体は、虚像化し、大きく南北王国に分裂して崩れはじめる。イスラエルの黄金時代は、わずかソロモン一代で終結した。ただちに反逆者があらわれる。革命が起こる。外敵が侵入する。シャーロームは失われてしまった。十戒は形骸となった。このようにして預言者の活躍する時代がくる。

預言者たちが攻撃したのは、似て非なるバァール主義的ヤハウェ主義にほかならない。現実の王にたいする失望は、理想の王、救世主＝メシヤへの希望となって噴出した(イザヤ書七、九、一一の各章)。似て非なるヤハウェ共同体にとってかわる「新しい契約」の望みとなって、預言者の心に横溢した(エレミヤ書三一・三一以下)。

いったい、彼らの告発するバァール主義とは何であったか。そもそもカナン地域のバァール神とは、どのような神なのか。預言者たちは、それをいまわしい偶像崇拝、多神教、淫らな宗教、不道徳の宗教として断罪した。

こうした預言者たちの徹底したバァール神批判は、文化史的にみた場合、カナンの農耕文化の基本原理にたいする挑戦であったということができる。天の父なる神ヤハウェを唯一の神とし、バァール崇拝の徹底的排除を叫んだ預言者の声には、「豊饒の女神」、「大地の母」を讃美するカナンの神々の信仰圏とは、真っ向から対立するものがある。

このカナンの神々とは、いかなる系譜の神々であったか。預言者たちの批判が、執拗であればあるほど、それは逆にカナンの神々が、イスラエルの民に圧倒的な影響を与えたことの、何よりの証拠ではないか。なぜにイスラエルの民は、ヤハウェからバァールへと、彼らの心を傾斜させたのか。なぜに豊饒の女神、大地母神へと、彼らの思いを移したのか。

ここには、イスラエル民族史をつらぬく根本問題が露呈されている。砂漠の民の砂漠の宗教が、農耕文化の真っ只中で直面した問題が露呈されている。図式的にいえば、それは、沃地宗教のヤハウェ宗教化であり、逆にまた、砂漠的なヤハウェ宗教の沃地宗教化でもあった。このふたつの交錯する一本の線の上に、キリスト教成立の地平がひらかれてくる。そこに、旧約聖書から新約聖書への移行の謎がある。

われわれは、こうした重要な地盤となった沃地文化の宗教について、その神話と神々の機能を知る必要がある。それはイスラエル民族にとって、まったく異質の信仰圏であった。

第二部　カナンの神々の系譜

I　死と再生の神々——バァールとアドニス

バァール神話の世界

ラス・シャムラの粘土板から

ビブロスの北方二五〇キロメートル、レバノン—シリアの国境をこえ、進路を北にとってひた走ること数時間。山岳耕地に点在するオリーブの畠や、段々畑につくられたぶどう園を右手にみながら、地中海の白波の打ち寄せる断崖ぞいの、小さな名も知れぬ港町をいくつかとおり抜け、どこまでも北にむかって走り続けると、その遠い昔「白い港」とよばれていた、小さな漁村にたどりつく。ザプーナの港である。シリア北辺のこの港は、かつて東地中海貿易の中心であり、一時はアラウィ族の都として、繁栄を誇ったことがある。紀元前二〇世紀にさかのぼる、ウガリット全盛時代の遠い昔の話である。

この繁栄を誇ったザプーナの都市は、紀元前一四世紀頃、東地中海をおそった大地震の直撃によって崩壊し、ついで「海の民（ペリシテ）」の侵入による略奪によって、完全に歴史の外に姿を消してしまった。紀元前一二世紀のことである。以来三千有余年、その上を乾いた砂嵐が幾重にも吹き荒れてとおり、「白い港」の町ザプーナは、砂中深く埋もれて眠りつづけてきた。

一九二八年五月、この埋もれた歴史の断片は、たまたま畠を耕やしていたシリアの農夫の鋤の先から、まったく偶然に光をあてられることになる。さっそく、考古学者の発掘隊が編成され、試掘作業が開始された。そしてまことに幸運なことに、発掘をはじめて一カ月後、港から一キロメートルほど山手の「ういきょうの丘」(ラス・シャムラ)に試掘の鋤が入れられたときに、長い間眠りつづけてきたウガリット文化の遺跡は、ほとんど一挙に日の目をみることになったのである。

出土品は、主として第一層(紀元前一五〇〇―一二〇〇年)および第二層(紀元前二一〇〇―一五〇〇年)に集中していた。数々の華麗な色彩と紋様の青銅器、壮大な神殿遺跡、ブロンズ製の神々の像が掘り起こされた。それらはいずれも、これまで未知の独自の文化を伝えていた。かつてこの地に、壮麗な文化を誇る一大都市国家の存在していたことが、疑い得ない事実となった。

わけてもラス・シャムラの名を不朽にしたのは、発掘されたバァール神殿書庫の一隅からとりだされた、おびただしい量にのぼる楔形文字の粘土板であった。刻まれていた文字は、たしかに楔形文字の一種であったが、それまで知られたすべての文字とは違っていた。

粘土板は、たちまち世界の言語学者の注目を集め、競ってその解読が試みられた。

このようにして、一九三〇年には、早くもラス・シャムラ刻文テキストが復元発表され、これまで知られなかったウガリット語によるバァール神話の全容が、明らかにされるにいたったのである。旧約の預言者たちが批判してやまなかった、あのバァール神話である。バァール神話は、七つの刻文からなっているが、欠損部分や不明瞭な部分が大きいため、本来の順序はもはや復元不可能というのが、専門家の一致した見解である。

その結果、全体が統一的な物語であったのか、それともいくつかの違ったエピソードの集成であったのかは、必ずしも確定しがたい。その上、ウガリットの言語そのものについても、いまだに不明な部分が多く、言語学者間にさえいろいろの論議があり、それが翻訳の問題に直接反映している。

たとえば、一九三〇年初頭の、レバノンの言語学者チャールス・ヴィロルオーの古い訳と、H・L・ギンスバーグ、T・H・ガスター、C・H・ゴールドン、G・R・ドライバーの翻訳とを比較してみると、その大きな相違に気付く。しかしそれでも、細かな部分はともかく、神話全体の概要については、ほぼ共通の解釈をたどることができるようになったのである（本稿では、J. B. Pritchard 編 *Ancient Near Eastern Texts relating to the Old Testament* の改訂増補版〔一九六六〕所収のH・L・ギンスバーグ訳のテキストを使用した）。

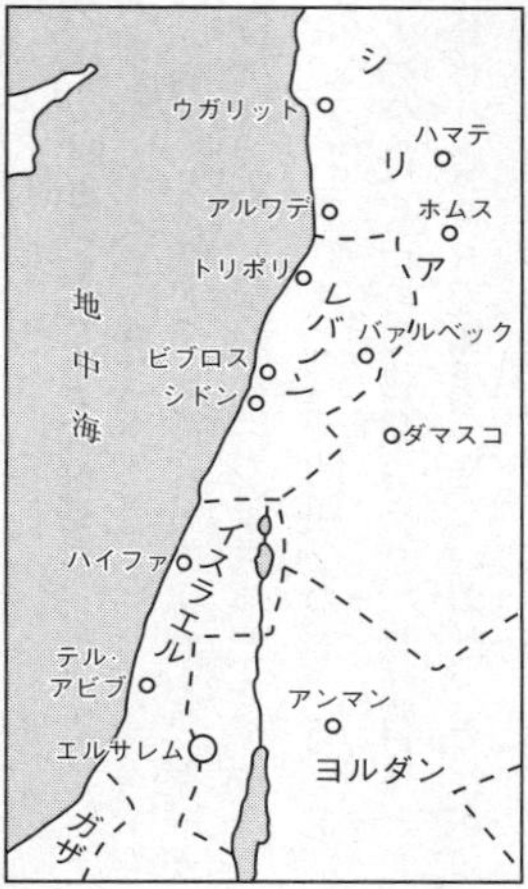

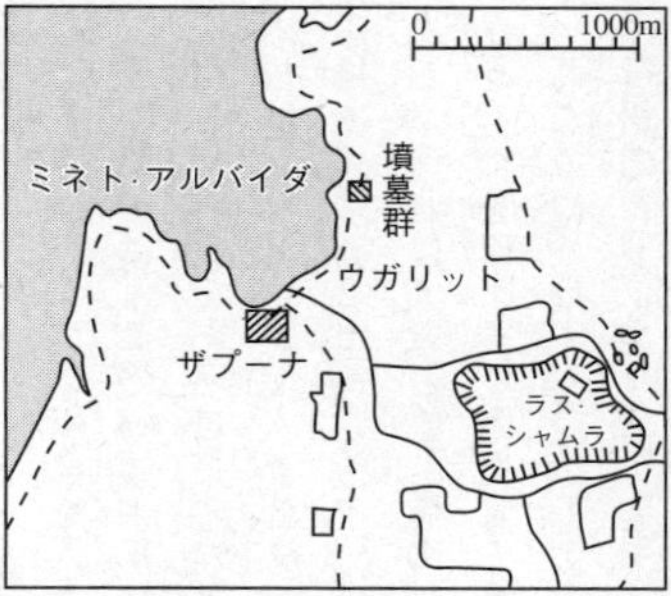

ザプーナの港から1キロメートルのラス・シャムラから発掘された、ウガリット語によるバァール神話記載の粘土板（右下）と黄金製の狩猟文の皿（左下）　紀元前16～14世紀

バァール神話のなかの共通性

神話は、大きく三つに分類される。第一がバァール神話、第二がフブールの王ケレトの叙事詩、第三がカナンの伝説の王ネダルの子アクハトの物語である。この三つの伝承のうち、われわれにとって問題なのは、バァール神話である。バァール神話は、刻文全体に最大の分量を占める物語であり、物語自体としても、変化と起伏に富んで面白い。しかしわれわれにとって無視できないのは、それがイスラエル宗教を貫通するヤハウェ共同体の論理を、崩壊にむかって導く重要なイデオロギーを秘めているからである。神話の全体は少なくとも次の二つの特徴を浮き彫りにしている。

その第一は、このバァール神話に登場する神々の多くが、カナン神話の共通の根底から派生した神々であること。たとえば、エール、アシュタロテ、バァールなど。とくにバァールは、ラス・シャムラ刻文では、エールにつぐもっとも偉大な神であり「北のはて」なる神々の山の「主」、あるいは単に「北の主」(バァール・ゼフォン)として登場する神である。それは大気と雲と嵐の神であり、雷鳴をもちいて山々に、その大いなる声をとどろかせ、稲妻によって雨を降らせる豊饒の神である。

ちなみにバァールは、セム系言語で「主」、あるいは「所有主」を意味し、同じくセム系言語のアドーン(主)、あるいはアドーニー(わが主)と同義語に属している。アドニスの名は、このアドーニーがギリシア化され、固有名詞に転用されるようになった呼び名である。しかし、バァールにしても、アドーニーにしても、それは本来神の名をさす固有名詞でなく、むしろ神の真実の名を隠すための、総称的呼び名にすぎなかった。

このことは、イスラエルの神の場合と同様である。ここにはセム族の伝統的表現法が、共通に支配していたであろう。神の真実の名は、例外的な仕方で、きわめて特定のものにだけ明らかにされる以外は、みだりに口にさるべきものとは、考えられなかったのである。ラス・シャムラ刻文中の、バァールの実の名はハダドであった。

バァール神話の第二の特徴は、この神話全体をとおして、神々の死と再生が克明に描かれていることである。見方によっては、バァール神話は、バァールの死と再生をめぐって展開しているといえる。いったい、なぜに死と再生が主題となったのか。そもそもバァールの死は、何を意味していたのだろう。われわれは、死と再生のバァールの運命の克明な描写のなかに、旧約の神とはまったく異質の神々の系譜をみる。否、それだけではない。われわれはそこに新約聖書の伝えるナザレのイエスの、死と復活の祖型をみるのである。バァール神話は、こうした点で、重要な示唆を含んでいる。

バァールとモートとの闘い

伝承にみるバァール神話はこうである。バァールは豊饒の神、しばしば「雲に乗る者」、あるいは稲妻と雷雨の神ハダドともよばれている。そのバァールに、父と母と兄弟たち、それに妹たちがいた。父の名はエール、もろもろの河の源、大洋に君臨する大神。母はアシュタロテ、すべての神々の母であった。兄弟のひとりは、ヤム・ナハル、洪水の神、他のひとりはモート、火の空でもって大地をカラカラに干あがらす神である。

バァールは、このふたりの兄弟と雌雄を決し、王権を確保しなければならない。それは文字どおりの死闘であった。そうした運命を背負ったバァールのために、身命を賭して献身する妹アナトがいる。このアナトの存在は、バァール神話の白眉である。

さてバァールが、闘わねばならなかった第一の相手は、荒れ狂う海と洪水の神、ヤム・ナハルであった。ヤムは、父エールに強請して、バァールの王権の奪取をはかる傲慢にして卑劣な神であった。バァールは、ヤムの策謀を知って激怒し、はげしくヤムを打ちのめし屈服させた。ヤムを倒したバァールは、ゼフォンの山頂に祝宴をはり、王宮を造営し、妹アナトの強力な支援によって、王権を確実にする。

第二の闘いは、モートとの闘争である。モートは大地が火の空によって乾き、穀物や果実が実る季節、大地を掌握し、支配する収穫の神。この強力な神との一連の闘争物語が、バァール神話の重要な文脈となっている。バァールの死のドラマは、この文脈の中で、克明に描写されている。

闘争の発端に関する部分は、刻文の欠損のため、必ずしも明瞭でない。物語は、おそろしく貪欲な怪獣の口中に、バァールが飲みこまれていくところからはじまっている。怪獣の口は、物凄いばかりに巨大で、上唇は天にむかい、下唇は大地を這って大きく開かれ、その舌は天の星までのびていた。

バァールのからだは、まるでオリーブの菓子のように、大地の収穫物のように、樹になる果実のように、怪獣の口中に飲みこまれていく。恐怖におののくバァールは、絶叫してモートに隷属を誓う。闘争はバァールの敗北に終わった。モートは快哉を叫ぶ（以下不

バァール神像

紀元前 17〜16 世紀。穂先が葉状になっている稲妻をひらめかせると、雷によって雨が降りそそぐ

明)。

父エールのもとに使者が到着して、エールはバァールが死んで野に倒れていることを知る。エールは悲嘆にくれ、王座をおりて地に座し、頭に塵をかぶり、麻布を身にまとい、石をもって頬と顎を傷つけ、胸をかきむしってバァールの死を悲しんだ。

バァールの死と再生

バァールの姿が地上から消えると、大地は干あがり、豊かな沃野は荒廃に打ちまかされた。父エールの悲嘆を、眼のあたりにみた娘のアナトは、ひとりバァールを求めて山野を漂泊し、美しいシールメマットの野に倒れているバァールの屍体を発見する。アナトの眼からあふれでる涙は、ぶどう酒のように飲むことができるほどであった。

アナトは泣く泣くバァールの遺体を背に、ゼフォンの山に戻り、そこにバァールを埋葬する。冥界にくだったバァールのために、アナトのささげた生贄(いけにえ)は、牡牛、羊、鹿、山羊、ろばなどそれぞれ七十頭ずつであった。バァールは不在となったが、バァールにかわって王位を継ぐことのできるものはいなかった。かくて歳月は流れた。

悲しみの処女アナトは、モートをつかまえ、激しくモートを糾弾して、バァールを返してくれるように訴える。そのアナトに、モートはこうこたえる。

「処女アナトよ、お前はわたしにむかって何をいうのか。わたしは、すべての野山をへめぐり、丘という丘をさまよい歩いているのだ。わたしは生贄が欲しい。それは人間の、大地の生贄だ。わたしが麗しのダブルの野、かの美しいシールメマットの野にさしかかったとき、そこでバァールを飲みこんだ。わたしの口の中で、彼は子羊のようにかみくだかれ、わたしの胃の中で、彼は子山羊のようにとけてしまった。大空をはばたくシャパシュの神でさえ、わたしの手のなかにあるのだ……」

それから数日がすぎ、数カ月がたった。アナトのなかで、バァールにたいする慕情が、抑えがたいまでにたかまっていった。アナトは、復讐を決意する。アナトは少女をおとりにモートをひきよせ、ついにモートを捕える。復讐に燃えるアナトは、剣をもってモートのからだをずたずたに引き裂き、風をおくって吹き分け、火にかけて焼き、挽臼でひいて野にまいた。小鳥たちがきて、その屑をついばんだ（刻文は、ここ

バァールの妹であり、花嫁である女神アナト
神々の使者として、戦う女神の姿をとっている。紀元前16世紀

で大きく中断)。

エール王が、夢に幻をみた。天の油が地に滴りおちて雨となり、涸れ谷に蜜があふれはじめた。王は歓喜して叫ぶ。「アナトよ、聴け、バァールは生きている……」(以下、中断)。バァールが再びゼフォンの山にもどってきた。モートも再生して、再び両者の間に激しい闘争が開始される。ふたりの神は、牡牛のように突き合い、馬のように蹴り合った。しかし勝負は果てしなく容易に決着がつかない。ついに力つきて両者とも倒れてしまう。女神シャパシュが仲裁に入り、両者は引き分けて和解する。かくして、バァールの王権は確保された。

勝利の女神と再生する男神

バァール神話には、奥書のないふたつの物語が付け加えられている。その一つは、ハダド(バァールの別名)と猛獣との闘争である。この闘争は、すでにのべたバァールとモートの闘いの反復とみられるむきが多い。ただしここでは、バァールは狩をしている。水牛のように巨大な角と、たくましい背をした野獣を追いかけるうち、野獣の逆襲にあって、牛のように泥沼に沈められ、七年間も閉じこめられてしまうのである。バァールが姿を消すと万物は荒廃する。

その二つは、バァールとアナトの不思議な婚姻の物語である。アナトは、バァールを必死に探し求めている。ゼフォンの山のバァールの宮にも彼はいない。バァールはどこへ消えたのか。そのときバァールの従者が、アナトに伝える。「バァールは右手に槍、左手に弓をもって湖水にむかいました。そこには、水牛が一杯群れています……」と。

バァールの妹たちのなかで、もっとも美しい娘アナトは急いだ。バァールは眼をあげてアナトをみる。バァールの心は燃えた。バァールは牡牛となってアナトの前にたち、アナトと交わった。ここで伝承は、バァールとアナトの讃歌を伝え、アナトがバァールに次のように語りかけるところで終わっている。

「バァールよ、神の贈物を受けよ。然り、ダゴンの子よ、受けよ。野牛がバァールに生まれる。水牛が、雲に乗るものに生まれる」

ラス・シャムラから出土した神ハダドの像

バァール神話にみる死と再生のドラマには、明らかに季節の交替のドラマがある。バァールが倒れるとモートが支配し、モートが倒れるとバァールが支配する。この交替のドラマのなかで、雨季と乾季が交替し、播種の季節に収穫の季節が継起する。バァールの再生は雨季の開始、モートの支配は乾季の開始の宣言である。

バァール神話は、一年を二分する地中海世界の雨季と乾季の交替のドラマによって、生き生きとしたリアリティをあたえられている。しかも読者は、このドラマの展開が、決定的に、女神アナトの手に握られていることに気がつかれたに違いない。なぜなら、花婿バァールの再生は、アナトの勝利によって、もたらされるからである。アナトは勝利の女神なのだ。

われわれは、死の神モートとの闘争に、アナトの勝利の舞をみる。アナトは右手に剣、左手に白布をつかんでおどる、古代オリエントの勝利の女神の原型をうつしだしている。この女神が問題なのだ。

なぜなら神話の目的は、この勝利の女神と再生の男神との婚姻の叙述にあるからである。再生のバァールとの祝婚の歓喜のなかで、アナトはバァールの子を宿す。アナトに宿った生命は、大地の豊饒の確証であった。物語は、ここで完結している。

アドニス神話の原型

アドニスの死

このバァールとアナトの神話には、ギリシア世界に、ひろくアドニス神話として知られる物語の原型がある。ギリシア神話の伝えるアドニス物語は、美少年のアドニスと春の女神アフロディテとの恋物語からなっている。それはレバノン山の西の斜面、地中海にむかってそそぐイブラヒム川の、不思議な伝承と結びついてきた。

イブラヒム川は、またの名をアドニス川ともいう。水は、レバノン山のカディーシャの谷の、奥深いアフカの洞窟から滾々（こんこん）とわきだし、山あいの峻嶮な谷間をひた走りに、ビブロス附近でいっきょに地中海に流れこんでいる。この神秘なアフカの洞窟の近くに、レバノンがフェニキアとよばれていた時代の古い遺跡がある。

この遺跡は、古代ローマ帝国のコンスタンティヌス大帝が、キリスト教にたいする自らの改宗の証しのために、紀元後四世紀に徹底的な破壊を命じ、粉々に打ち砕いてしまった豊饒の女神アシュタロテ（バァールの母、すべての神々の母）を祀った神殿の廃墟である。この廃墟に立つと、洞窟からほとばしりでる激しい水の奔流が、けわしい断崖の谷から谷へ、キラキラ光りながら落下し、美しい水しぶきとなって、谷底へ吸いこまれていくのがみえる。

この深い谷底で、狩の好きな美少年アドニスが死んだと伝承はいう。アドニスは猪の牙にかけられて死んだ。川の水は、アドニスの流した鮮血で真赤になり、流れ流れて、地中海を真紅の色に染めた。季節は春、アネモネの花の咲く頃であった。春ごとに、川の水が血の色に染まるのは、アドニスの流す血のためである。
フェニキア人はそう信じ、めぐりくる春ごとに、女たちはアドニスの死を悼んで、悲しみの心をあらわにした。このようにして、ビブロスのアドニス祭は、古代フェニキアにおけるもっとも大きな悲しみの祭りとなった。祭りの日には、アドニスの死に哀泣する女たちが、神像を死者のように粧って柩に安置し、行列をつくって、街中をねり歩き、そのあと海に流したという（J・G・フレイザー『金枝篇』）。アドニス祭は、葬送の祭りであったのだ。

ところでこのアドニスの祭りには、もうひとつの側面がある。それはアドニス祭りが、悲しみの祭りでありながら、同時に祝婚の祭典でもあったからである。シラクサ生まれのギリシアの詩人テオクリトス（紀元前三〇〇―二六〇年頃）の書いた、『牧歌』（一五）の「アドニス詣で」に歌われる、悲しみの歌を次に引用してみよう。それはアドニスの死を悼む悲しみの歌でありながら、仔細にたどると、実は祝婚歌であることがわかる。これはどうしたことか。

悲しみの祝婚歌

ゴルゴイ、イーダリオン、また険しきエリュクスを愛する、金色の御顔の女神アフロディテよ。あなたのアドニスが帰ってきました。十二月の歳月はめぐりアケロンの

イブラヒム（アドニス）川の水源地の光景（上）
ラス・シャムラから出土したアシュタロテ女神像（左）
バァルベック神殿の列柱（右）

河より、来訪するたびごとに、くさぐさのよいものをたずさえてくるので、誰でも大喜びで大歓迎する足の軽い季節姫たちが、あなたのアドニスをお連れしてきました。……（略）……ここに今、ベレニカの娘でヘレナもこうであったかとおもわれるほどに美しいアルシノアが、数々の美しいものをもって、あなたのアドニスにかしずいています。

ここに樹になる季節のもの、柔かな木の実を銀の籠に盛り、シュリアの香料を黄金の壺にいれてお供えします。女たちが、白い麦粉に甘い蜜と、オリーブの油をまぜてつくったかずかずの菓子。空飛ぶもの、地を這うものを象って、ここにお供えします。またみつば草で、豊かに飾った緑の館を造りました。その上には、稚ない「恋人達」が、まるで鶯の雛が伸びだした翼をためそうと枝づたいに飛ぶように、翼をひろげて飛んでいます。……（略）……紫の掛布団は、夢よりも柔らかです。ミレトスの町の人は言うのでしょう。サモスの羊飼いは語るでしょう。

「美しいアドニスのために、のべられたふたつの床のうるわしいこと。そのひとつにはキュプリスが、もうひとつには薔薇いろの腕のアドニスが、おやすみになられます」

花婿は十八、九歳。初鬚もやわらかで、その口づけは痛くありません。いざ、おやすみなさい、キュプリスよ。今宵は夫の腕のなかで。明日は、わたしたちが朝早く起き出して彼を担ぎだし、岸辺を洗う波間に運び出し、髪をとき、衣をおろしてむねを露わにし、美しい声でこう歌いましょう。

「おお、いとしいアドニス様。神のなかであなただけが、この世と、かの世とを訪れることができるのです。アガメムノンもできませんでした。怒りの将軍大アイアスも、ヘカバの二十人の子の長ヘクトルも、パトロクロスも、トロヤから帰国したピュルロスも、さらに昔のラピスの子たちも、デウカリオンの子孫も、さてはアルゴスの誉れペラスゴイもできませんでした。

いとしいアドニス様、今年も、そしてまた次の年も、わたしたちに幸福をもたらしてください。楽しく祝うわたしたちに、あなたさまはお出でくださいました。今度またお出でになられるときも、楽しくあなたさまをお迎えすることができますように」

歓喜と悲嘆の二つの運命

歌い女の歌う、この不思議な歌には、内容的にみて少なくとも四つの分節がある。第一節はアドニスの来訪。ひとめぐりの季節のあとに、冥界の河をこえて、アドニスがこの世にもどってきたこと。そのことの宣言。第二節は、春の女神アフロディテとアドニスとの結婚。美しい緑の館と柔かなふたつの臥所(ふしど)。この部分は、明らかに、祝婚歌といってよい。第三節は、アドニスとの悲しい別離の予感。波間に搔き消えていくアドニスにたいする、

ルーベンス《アドニスとアフロディテ》
ニューヨーク　メトロポリタン美術館

耐えがたい別離のおもい。最後の第四節は、アドニスへの祈り。女たちは、悲しみの面をあげて、いとしいアドニスが、来年もまたきっともどってきてくれるように祈るのである。

この歌は、アドニス詣でのふたりの女の会話の中に挿入されている。女たちは、歌い女の歌うこの悲しい別離の歌を聴き終わって、ようやく家路にむかうことになる。いとしいアドニス、さようなら。また来年もお越し下さい。心からあなた様をお迎えできますように。女たちは、口々にこのようにささやきながら、帰っていく。歌の終節の部分と参詣人である女たちの、心のおもいとが、ここでひとつにとけ合っている。

この歌が、イヤーレモン、つまり挽歌であるといわれるのは、明らかに第三、四節の内容によるというべきであろう。これらの節には、波間に消えていくアドニスにたいする、女たちの別離の悲しみがある。それは葬送であり、長い、長い別れである。

しかし、よく注意してみると、その告別は「今日」ではなく、「明日」なのである。「今日」という日は宴、しかも祝婚の宴である。歌い女は、「明日」の葬送を「今日」の祝婚に託してうたっている。

要するにこの歌には、アドニスの「今日」とアドニスの「明日」とがある。今日の「祝婚」と明日の「葬送」とがある。歓喜と悲嘆との、このふたつのアドニスの運命が、一つの歌の中で歌われているのである。ここに、この歌の不思議がある。

フェニキアのアドニス祭は、ビブロスを流れるアドニス川が、真赤な血の色に染まるときに行なわれたという。川の水が真赤に染まるのは、実は赤い土のためである。赤い土が、レバノン山の雪どけ水に流されて深い峡谷を真紅に染め、地中海までも血の色に変えてしまうのである。しかしフェニキア人は、そこに美少年アドニスの血の色をみた。レバノン山を、真赤な血に染めて風に消えた美しいアドニスの幻をみた。レバノン山は、アドニスの演ずる死と再生の神聖な舞台なのであった。

悲しみの女と祝婚の花嫁

このアドニス神話の死と再生のドラマには、バァールのそれとの明白な一致がある。話の運びの多少の相違は、主題にたいして、ほとんど何らの影響をも及ぼしてはいない。アナトの素朴さにくらべると、アフロディテには一層の華麗さがあるかもしれない。しかし、物語としては、同工異曲というべきだろう。

これと同型の伝承がエジプトにもある。有名なオシリス神話である。オシリスは、美貌で、顔色の濃い、身の丈のなみはずれて高い立派な王であった。彼は妹イシスと結婚し、イシスの強力な支援を得て王国を統治するが、その権勢を嫉妬する弟セトの陰謀にかかって、叛徒の剣に倒れる。この倒れたオシリスの遺体を探しだし、それを再生させる役割を妻イシスが演ずるのである。

イシスが演じる役割は、アナトやアフロディテのそれと、その性格と機能において、寸分ことなるところがない。ここには愛する花婿の死によって、悲しみの奴隷となった女がいる。女は、花婿の不在のときを、悲しみからの逃亡を自己に禁じて生きようとする。むしろ女は、悲しみとの一体化を求めて、その極限にむかって歩いていく。

アドニスが、乾いた砂を真紅の血潮に染めて息たえたとき、アフロディテは悲しみの女となった。この美しい女の悲しみの期間、すべての生物は、彼らの性の活動を停止しなければならない。かくして自然は荒廃する。アフロディテの悲しみが、ゼウス神にとどいたとき、ゼウスは憐れみ、アドニスを死者の国からよびもどし、一年の半分を地上のアフロディテと暮すことができるよう、特別のはからいをする。このようにしてアドニスはもどってくる。

さて、アドニス帰還の季節がくると、悲嘆のアフロディテは、歓喜の花嫁に変身する。再生のアドニスとの祝婚が待っているからである。自然は再び、性の活動を開始する。女たちは、子を身ごもりはじめる。しかしこの季節がすぎると、アドニスは、死者の国へ旅立たねばならない。アドニスの葬送である。アフロディテは、また悲しみの女となり、その期間、服喪の女に身を変える。一年を二分する悲しみと歓喜の交替が、アフロディテの時間を、永遠に支配している。それは季節から季節へ、けっして絶えることがない。

神々の結婚と農耕儀礼

古代オリエントの農耕社会は、死と再生の儀礼によってひとつに結合されていた。その源流をたどって、どこまでもさかのぼると、美しい豊饒の女神に出会う。いわゆる大地母神である。女神は、聖なる処女であり、花嫁であり、悲しみの女であり、花婿神の再生を左右する原理であった。この女神の演ずる悲嘆と歓喜のドラマのなかに、人々は大地の収穫と豊饒を約束する救いのドラマをみたのである。

チャタル・ヒュイク出土の最古のキュベレ像
アンカラ　アナトリア文明博物館

M・エリアーデによると、古代オリエント社会に広く分布したこうした儀礼は、古代社会における農耕儀礼に、その起源をたどることができるという。古代人にとって、農耕は植物生命再生の神秘のドラマであり、けっして単なる技術（テクノロジー）の問題ではなかった。「農耕労働は、大地母神の体の上でおこなわれる儀礼であった」（M・エリアーデ『大地・農耕・女性』一九六八年）。

フレイザーはこれを、『金枝篇』のなかで、古代人の心をとらえた、大地の上で演じられる壮大な生と死のドラマとして、美しく描き出している。それは、植物霊の死を悼む慟哭（どうこく）にはじまり、熱狂的な再生の歓喜で終わる一連の定型的な祭儀であった。

小アジアのフリギア地方に伝わるアッティス崇拝では、男神アッティスの死を歎き、その再生を祈願する人々が、自己の肉体を切り裂いて、その血と肉を女神キュベレに捧げたあと、アッティスの復活を祝う熱狂的な歓喜の爆発で、ようやく祭りの幕がおりたという。

ここでは、男神アッティスは、年ごとにその死が歎かれては、また年ごとに再生する植物霊のシンボルであり、女神キュベレは、その再生原理であったのだ。

こうした大地母神の名は、地方によって変化するが、その基本的性格は変わらない。たとえば、このキュベレのほかに、バビロニアのイシュタル、フェニキアのアシュタロテ、それにすでにみたエジプトのイシス、ギリシアのアフロディテ、ウガリットのアナトなど、呼称の変化は大きいが、その役割は少しも変わることがない。

彼女たちには、必ず配偶男神がついている。たとえばアシュタロテにはバァール（アシュタロテがバァールの母に入れ替わる場合もある）、イシュタルにはタムムズ、キュベレにはアッティス、イシスにはオシリス（あるいはホールス）、アフロディテにはアドニス、アナトにはバァールである。このことは、こうした祭りの中心に、神々の結婚があったことを明白に物語る。これが、いわゆる神婚（あるいは聖婚）と名づけられる、古代オリエントのもっとも重要な宗教儀礼であった。

聖なる花嫁が持つ意味

フレイザーによると、神婚儀礼は、小アジアから東部地中海の古代社会に広く分布していたが、その中心はキプロス島西南端の古代都市パポスにあるアシュタロテ神殿であったという。この地方の未婚女性は、結婚前に神殿に詣で、一夜パポスの王の前に、聖なる花嫁として処女を捧げる慣習にしたがっていた。それは文字どおり、アフロディテ（あるいは大地母神アシュタロテ）とその花婿アドニスの間に演じられた神婚のドラマの再演であり、反復であった。

キプロスにおけるこのような儀礼は、大地母神をまつるすべての神殿に共通し、女性はしばしば、神にみたてた客人に、処女を捧げる役割を忠実に演じたという。いわゆる「聖娼」の出現は、こうした「聖なる花嫁」の後世における頽落した形態とみることができるだろう。

リディアのトラレスで出土したギリシア語碑文は、このような慣行が、確実に二世紀頃まで存続していたことを記録している。それは、アウレリア・エミリアというひとりの若い女性が、「聖なる花嫁」として、神殿に仕えたことを伝えている。彼女の母も、そのまた母も同様であったという。

文化史的にみれば、第一部でみたように古代イスラエルの預言者たちが、終始一貫、執拗なバァール批判を試みたのは、こうした大地母神崇拝に支えられた農耕文化の基本原理にたいする挑戦であったとみることができる。荒野と砂漠の神である天の父ヤハウェを唯一の神として信じ、いっさいの偶像の拒絶を誓い、その破壊を叫んだ士師や預言者の声は、「聖なる花嫁」を讃美する信仰圏とは、真っ向から対立するものであったのだ。

カナンに移住したイスラエルの民が、婦女子にたいして、聖娼（神殿娼婦）となることを、固く禁止する律法を課した背景には、確実にこうした文化史的闘争があったに違いない。「イスラエルの女子は一人も神殿娼婦になってはならない」（申命記二三・一八）。それは単に、性的不道徳にたいする反撥ではなかった。カナンの大地母神崇拝を要とする多神教的な信仰体系そのものに対する挑戦であった。そこには砂漠の神の宗教と沃地の神の宗教との激しい対立と葛藤が、期せずして如実にうつしだされている。

治癒神への転化

ところで、こうした美しい女神たちの花婿として、穀物霊の死と再生を演じた男神が、やがて驚異と不思議の病気なおしに活躍するときがくる。時代はくだってアレクサンダーの東征（紀元前三三四年）以降、ポリス国家に支えられたギリシアの古典的世界の没落から、ローマの覇権が地中海世界に確立する約三百年間、いわゆるヘレニズムの時代に相当する。

宗教史的にみると、この時代は、遊行する神々の競合と葛藤の時代であった。というのは、都市国家の崩壊の結果、守護神の地位を失ったポリスの神々が、故郷を喪失した人間たちのように、各地を彷徨しはじめることになるからである。驚異と奇跡の病気なおしの神々は、アーカイックな死と再生の神の痕跡に加えて、彷徨し、遊行する神の明白な特徴をおびて活躍する。

われわれはそれを、古代フェニキアのエシュムン神やエピダウロスの驚異の治癒神アスクレピオスに明瞭に読みとることができる。とりわけアスクレピオスは、いかにも不思議な再生と復活の神であり、彷徨し遊行する驚異と奇跡の病気なおしの神であった。

II　病気なおしの神々——エシュムンとアスクレピオス

エシュムンという神

古代都市シドン

ベイルートから南へ四五キロメートル、この海岸道路を一路、レバノンがかつてフェニキアとよばれていた時代の古代都市シドンにむかって走る。右手には、キラキラ光る地中海の打ち寄せる断崖と、白い砂浜と一面の葦の原が続いている。左手にひろがるなだらかな丘陵地帯の、ところどころむきだしになった巨大な岩塊のあいだには、ぶどう園やオリーブの畑が点々と見え、切り立った崖を背にして、白い石の家がへばりつくように立ち並んでいる。オリーブの葉は緑を失った枯れ葉のように、まるでちりちりしているから、この人影のない海辺の風景をとおりすぎるものは、葦の原を吹き渡る風だけであった。

この葦の原のつきるところに、岬と島に囲まれた小さな入江の港がある。その海に突き

十字軍の城塞が残されているシドン

出た突堤の先端に、沈みかけた廃船のように、十字軍の城塞が残されている。ここがシドン、現在サイーダとよばれる港町であった。人口、四、五万のこの小さな町は、その大部分が半農半漁の山岳住民と交易商人、それに手細工を主にした工芸職人からなっている。

かつてシドンは、地中海世界を通じて、ガラスと緋衣（ひい）の都市（くに）として知られていた。話は、紀元前二〇〇〇年にさかのぼる。とくに緋衣は、シドンを代表する重要な特産物であり、いつしかギリシア人は、この緋衣にちなんで、この国をフェニキアと呼ぶようになった。シドンは、フェニキアであり、それは染料の緋の色をさしていたのである。

この紫がかった真紅の染料は、シドンの海や、さらに南のツロ（テイレ）の海で採取される小さな軟体動物の体液を、原料として精製されたものらしい。体液といっても、小さな動物の血管から、しぼりだすようにして、わずかに二、三滴抽出されるにすぎなかったから、それをさらに蒸留してつくられた染料は、ひどく高価なものとなった。

フェニキアの緋衣は、古代社会における高貴と権力の象徴となった。エジプトのクレオパトラも、ローマの皇帝も、パレスチナのユダヤ人祭司も、東方教会の主教たちも、そしてローマ・カトリックの枢機卿たちも、この緋衣をまとって、並ぶもののない権勢を誇示しようとした。

賢いフェニキア人は、この高価な緋衣とひきかえに、イベリアの銀、鉄、錫、イオニアの奴隷、エジプトのリンネル、アラビア半島の羊と山羊とを輸入したのであった（エゼキエル書二七章など参照）。今は昔、シドンの港は、こうした地中海交易の一大センターとして、その繁栄を誇ったことがある。

亡びた緋の国

その後のシドンは、しかし回廊の国フェニキアの運命のまにまに、大国の侵略にさらされつづけねばならなかった。最初の侵入者は、海からやってきた。この「海の民（ペリシテ）」が、何者であり、どこからきたのかはわからない。記録によると、紀元前一二世紀頃、エジプトをふくむ東地中海沿岸諸国は、いっせいに海からの襲撃をうけたという。かのウガリット文明の栄えた白い港町ザプーナの崩壊も、ちょうどこの時期に相当する。「海の民」は、いくつかの部族に分かれていて、その中にペリシテとよばれる民が含まれていた。やがて、このペリシテの定着した海岸を、人々はパレスチナと呼ぶようになったのである。ペリシテの襲来そして定住は、東地中海世界の平和に一大脅威をあたえると同時に、繁栄を誇ったシドンの運命を、いっきょに落日にむかって追いこんだ。「海の民」の脅威に対抗するために、海岸通りのこの国際幹線道路を、陸の大国が、軍団を移動させるために通過したからである。

このようにしてシドンは、紀元前七世紀以降、アッシリア、バビロニア、エジプトなど、圧倒的な大国の支配に服従を余儀なくされた。続いて紀元前四世紀にはマケドニアのアレクサンダーの支配、紀元前三世紀以降はシリアの支配、そして紀元前六三年ローマ帝国の属領となって、歴史はヘロデの時代、新約聖書の時代に入ることになる。

この時シドンは、すでに昔日の面影を失っていた。新約聖書にうつしだされるシドンの町は、すでに落日の都市である。それは旧約聖書の語るカナンの長子（創世記一〇・一五、歴代誌上一・一三）の栄光を失い、美しい緋の国の港を明け渡してしまっていた。

エシュムン神殿の発掘

シドンの町の北方を流れるアル・アワリ川の橋のたもと、ボスタン・アルシェイクとよ

シドンの果樹園から発見された碑文（上）とエシュムン神殿（下）

ばれる果樹園で、石に刻まれた碑文が発見された。一九〇〇年のことである。碑文には、フェニキア語で、こう書かれていた。

「シドンびとの王、エシュムナザル王の孫ボダシュタルト、わが神エシュムンのためにこの神殿を建立するものなり」

内容は、明らかにエシュムン神殿建立の、献辞に間違いない。この果樹園には、太古の神殿が埋もれている。碑文は、そのことを示唆していた。さっそく発掘隊が編成され、作業は開始された。このようにして一九〇〇年から、およそ四年にわたる発掘の末に、厖大な瓦礫の山に埋もれた神殿廃墟が、姿をあらわしはじめたのである。

発掘は、一時中断されたが、一九二〇年から二四年にかけて、再度組織的にすすめられ、一九六三年から七〇年にかけて、第三回目の作業が完了して今日にいたっている。その結果、一九二〇年には、中央祭壇の巨大な礎石を中心に、神殿遺構が確認され、続いて数々の小人像と碑文を刻んだ石柱が、土中から掘り起こされた。

時代は紀元前五世紀、小人像は、シドン人の王バアナの子、バァール・シュレムによって、エシュムン神に捧げられたものであることを、碑文は語っていた。しかもエシュムン神とは、どうやら病気なおしの神様であり、そしてこのエシュムンの癒(いや)しは、近くから湧き出るユードラルの泉と、関係していたらしいことを遺跡は伝えていた。

というのは、この泉から流れ出た水が、溝渠(こうきょ)によって神殿聖域にひきこまれ、いくつもの小さなプールに集められる仕組みになっていたからである。面白いことに、小人像のほとんどは、判で押したように、この溝渠に埋もれて発見された。

病気なおしの神

いったい、シドンの王が捧げたという、この得体の知れない小人像は何者か。それはどこで、どのように聖なる泉と結びついているのか。それはエシュムン自身をさしていたのではなかったか。エシュムン神こそは、聖なる泉と関連した病気なおしの小人神ではなかったか。

エシュムン神の素姓に関する、こうした問いは、しかし、その後に発見された神殿玉座のバス・レリーフから、ひとつの重要な手がかりをあたえられることになる。レリーフには、エシュムン神の狩猟の場面と、スフィンクスと並んだ女神アシュタロテ（すべての神々の母、バァール神の母でもある）像が、浮き彫りにされていたのである。エシュムン神は、女神アシュタロテの配偶神だったのではないか。当然、ひとつの推理が可能となる。エシュムン神は、ギリシア人がアドニスと名づけた古代フェニキアの神の、実はほんとうの名前だったのではないか。

アドニス神とエシュムン神との関連を示唆するこのレリーフは、病気なおしの神の本性について、ひとつの重大な証言を伝えている。それは病気なおしの神が、再生の神にほかならない、ということである。かのアドニスやバァールがそうであったように、冥界から地上界への還帰という再生のドラマのなかに、驚異的な癒しのモチーフが秘められていたのであろうか。この問題は、癒しの神の本性にかかわる重要なテーマであるが、ここでは、これ以上たちいることをしない。

むしろ話をもうひとつ先へ進めるために、ここでは、エシュムン神が、実際どのような仕方で、人々の病気をなおしたか、という問題に入ることにしよう。

エシュムン神のレリーフ
紀元前4世紀　蛇を帯同している

地中海の神々

ところが困ったことに、これについては、ユードラルの聖なる泉が、エシュムン神に関係していたに違いないという推定以外に、それを確かめる手がかりがない。ただ発掘されたもうひとつのバス・レリーフが、貴重な示唆を投げかけてくれる。レリーフには、エシュムン神が蛇をしたがえて立っている姿が、浮き彫りにされているのである。

蛇と病気なおしの神との組み合わせには、アスクレピオスの彫像の様式との完全な一致がある。アスクレピオスが蛇を帯同して立っている姿は（一三二ページの写真参照）、古代ギリシアにおける癒しの神の定型的様式であったとみて差し支えない。するとシドンの病気なおしの神エシュムンは、どこかでギリシアの神アスクレピオスと関連していたのだろうか。

これを裏書きするような記録がひとつある。それはギリシアの詩人パニュアッシスの書後に述べる古代ギリシアの病気なおしの神、き残した記録で、それによるとエシュムン神は、紀元前一〇〇〇年にさかのぼるフェニキアの神であり、シドンの守護神であったこと、冥界からやってきた病気なおしの神様で、シドンのエシュムン神殿は、しばしばアスクレピエイオン（アスクレピオス神殿）と呼ばれていたというのである。シドンに埋もれていたエシュムン神のひとつのバス・レリーフは、地中海をへだてたペロポネソス半島エピダウロスの神アスクレピオスとの連関という、おもわぬ歴史の謎を秘めていたことになる。

この連関の発見は、エシュムン神の、皆目不明な病気なおしを、アスクレピオスの病気なおしの伝承によって補充し、解明する貴重な手がかりの発見につながっている。なぜならアスクレピオスも、素姓についてはエシュムンにおとらず得体の知れない神でありながら、その不思議な治癒力については、エピダウロスで発掘された四基の碑石が、ほとんど完全に近い形で、雄弁にそれを証言しているからである。

ギリシアのアスクレピオス神

もうひとりのゼウス

アスクレピオスは、古代ヘレニズム世界に活躍した驚異の治癒神（ちゆしん）である。不思議な

〝力〟（デュナミス）を用いて病人をいやし、人々の驚きと喝采を博した、奇跡をおこなう神様であった。それは難産の神であり、不妊の神であり、中風、盲目、不眠、肺病、胃病、戦傷、その他なんでもなおす万病の神であった。

神であるから、アスクレピオスはセオスと呼ばれて崇められていたのであるが、誉れ高いオリンポスの神々とは、系譜の違った素姓の知れない神様であった。それは、オリンポスのゼウスにたいして、〝もうひとりのゼウス〟と呼ばれたり、時には〝陰府（よみ）の国のゼウス〟といわれたりもした。

不気味な蛇を杖にからませて、町から町へ、村から村へ、病人をたずね歩く姿は〝死者の霊〟のようでもあり、大地から抜けだしてきた〝地の霊〟のようでもあった。ところで、ヘレニズム世界の宗教と政治の舞台から、もっとも遠いところでひっそり崇められていたはずの、この素姓の知れない神様が、やがてそのローカルな性格を脱ぎ棄て、ヘレニズム世界の諸都市におけるもっとも力のある神として、オリンポスの神々にとってかわるほどに成長したのである。

アスクレピオスが、テッサリアのトリッカの最初のアディト（地下の巣窟。オリンポスの神の神殿にあたる）を離れて、ペロポネソス半島のエピダウロスに移ったのは、記録によると紀元前五世紀。次いでアテネを襲った疫病の鎮圧にめざましい活躍をして、アクロポリスの丘の南斜面に分祠されたのが、紀元前四世紀中葉であった。

さらにローマ、ペルガモンなど、相次ぐ疫病の流行に苦しむヘレニズム世界の大都市に分祠をふやし、紀元一世紀から二世紀頃には、当時形骸化しつつあったオリンポスの神々にとってかわる新興守護神として、確実にその名をひろめていたのである。

この素姓の知れない癒しの神の驚異の奇跡は、一八八三年、ギリシアの考古学者カヴァディアスによる碑石の発見まで、まったく知られることがなかった。アスクレピオスは神殿もろとも、キリスト教徒の手によって地上から抹殺されてしまっていたからである（紀元四世紀）。

アスクレピオスの娘ヒギィエイア
紀元前4世紀

かくしてアスクレピオスの解明は、埋もれた歴史の発掘から開始されねばならなかった。驚異の癒しを刻んだ碑石は、ペロポネソス半島エピダウロスの南西九キロに広がる、松林におおわれた谷あいの神殿遺跡から発見された。推定年代は、紀元前五、六世紀、碑石は四基。それには当時神殿でおこなわれていたに違いない、不思議な病気なおしの物語が刻まれていた。

物語は、長短合わせて七十話。実に様々な病気に悩む男女が登場する。アスクレピオスは、万病奇病の癒しの神であり、その治癒力において、他の神々の追随をゆるさない抜群の能力を誇示していた。碑文は、そのことを具体的な治癒例をあげて、立証しようとしている。

驚異の治癒物語から

ヘラクレイアのゴルギアスは、戦争の折、肺に矢をうけて負傷した。その傷が、一年半ものあいだ化膿しつづけ、皿で六十七杯もの膿がでた。聖所に籠(こも)って眠るあいだに夢をみた。神が姿をあらわし、肺から矢じりを抜きとる夢であった。夜があけたとき、男は癒されて出てきた。手には矢じりをもって。

五年もの間、みごもりつづけていたクレオは、五年目になったとき、嘆願者となって神殿に立ち、ひと夜聖所に籠って寝た。夜があけて出てきたとき、女は神殿の外でたちまち男児を分娩した。すると不思議なことに、みどり子はすぐに泉で自分のからだを洗いきよめ、母親と一緒に歩きまわるのであった。女は、このような恵みをうけて、感謝の絵馬にこう書いた。

「大きな絵馬が驚き(サウマ)ではなく、驚き(サウマ)は神である。クレオは五年間、胎内に重荷をかかえてきた。籠って癒されるまで」

結石で苦しむ男の子、エピダウロスのエウファネスは、ひと夜、聖所に籠って寝た。すると神様が姿をあらわし、子供の前に立たれて、こうおたずねになった。「なおしてあげたら、何を頂戴しようかね」。子供は、サイコロ十コとこたえた。すると神様はほほえまれ、病気をなおしてあげよう、と言われた。夜があけたとき、子供は癒されて出てきた。

腹部の潰瘍(かいよう)に苦しんでいた男が参籠し、一夜宮に寝て夢をみた。神が顕現し、従者に命じ、男を押さえつけ、腹部を切開される夢であった。男は逃げたが、とうとう従者に押さえられ、扉の金具にくくりつけられた。そこにアスクレピオスが姿をあらわし、男の腹部を切開し、潰瘍を切除し、もとどおりに縫合し、男を解放した。夢がさめたとき、男は癒されて出てきた。聖所の床には血があふれていた。

口のきけない少女が、神殿聖域を歩いていた。そのとき、木立の中から、突然蛇が這いおりてきた。少女は驚いて絶叫し、親のところにかけもどった。その途端に、少女は話しはじめた。

アスクレピオス像（左上）と発掘されたエピダウロス神殿（下）

エシュムンとアスクレピオス

エピダウロスの碑石には、こうした話が、長短合わせて七十篇ほど記録されている。物語は自由奔放、しばしば好奇的な要素と結合して、夢と現実との入り組んだ驚異と不思議の超能力の世界を現出している。物語は、全体として、アスクレピオスの病気なおしの超能力、その驚くべき不思議を、圧倒的な仕方で、たたみかけるように人々の脳裡に、焼きつけることを意図していたのである。こうした物語が、不治の病にとりつかれた患者を、どれほど鼓舞し、彼らをエピダウロス参りにかりたてたか、それはまことに測りしれない。

エピダウロスの碑石に刻まれた静脈炎の患者

紀元前五世紀頃のエピダウロスのアスクレピオス神殿は、規模の上で壮大をきわめ、中心となる神殿および聖所のほかに、巡礼者や参籠者のための数棟の宿舎が用意され、さらに競技場や巨大な円形劇場まであった。とくに劇場は、ギリシアにおけるもっとも雄大な規模をもち、一万人以上の観客を収容できるスケールをそなえていたのである。推して知るべしというほかない。

われわれはここで、最初の疑問、シドンの神エシュムンの病気なおしが、はたしていかなるものであったかという問いに、こたえを用意しなければならない。こたえは、もちろん推定の域を出ない。失われてしまったエシュムン神の病気なおしの原初的な姿は、もはや永遠に復元できないであろう。

しかし、古代地中海世界の驚異的な病気なおしが、いかなる類の物語として語られ、口から口へ伝承されていたか、エピダウロスの碑石は、それを見事に伝え残しているのである。ここには、古代地中海世界に活躍した病気なおしの神々の典型がある。

アスクレピオスからイエスへ

目を転じて、聖書の世界をみよう。イエスの生涯をしるした新約聖書福音書の世界である。ここにも、エピダウロスのそれに匹敵する、豊かな病気なおしの記録がある。記録にみる限り、イエスもまた、フェニキアのエシュムン神やエピダウロスのアスクレピオスと同様に、古代世界に出現した病気なおしの神様だったのである。

福音書におけるイエスの生涯の骨格は、たとえばマルコ福音書の場合、この癒しの神の、驚異的な病気なおしの活動によって準備され、彩色されたといって差し支えない。要するに、病気なおしの超能力に関する限り、アスクレピオスもエシュムンもイエスも、同じ次元で出会うのである。

彼らは、古代地中海世界に、それぞれの驚異的な治癒力を競い合ったライバル神であり、論敵だったのではないか。とすると古代世界におけるキリスト教の最初の勝利は、まさに治癒神イエスの勝利、すなわち治癒神イエスがその驚異的な治癒力において、他の神々を圧倒し、ついに駆逐することに成功した、その勝利の結果であったということになる。福音書にみられるイエスのおびただしい病気なおしの物語は、われわれにこうした推測を可能にする。

われわれは、治癒神イエス登場の場面に到達したのである。

第三部　新約聖書の成立

I 治癒神イエスの登場

イエスの奇跡をめぐる謎

百十五もある病気なおしの話

「夕方になって日が沈むと、人々は、病人や悪霊に取りつかれた者を皆、イエスのもとに連れて来た。町中の人が、戸口に集まった。イエスは、いろいろな病気にかかっている大勢の人たちをいやし、また、多くの悪霊を追い出して、悪霊にものを言うことをお許しにならなかった」(マルコ一・三二―三四)。

「重い皮膚病を患っている人が、イエスのところに来てひざまずいて願い、『御心ならば、わたしを清くすることがおできになります』と言った。イエスが深く憐れんで、手を差し伸べてその人に触れ、『よろしい。清くなれ』と言われると、たちまち重い皮膚病は去り、その人は清くなった」(マルコ一・四〇―四二)。

福音書には、実におびただしい数にのぼる病気なおしの話がある。四つの福音書のうち、分量の上ではもっとも短いマルコ福音書だけでも、癒しの奇跡にふれた部分は、長短合わせて三十六話。福音書全体となると大変な数になる。

重複をいとわず拾いあげていくと、ヨハネを除く三つの福音書をとおして、ルカに四十三話、マタイに三十六話、これに先のマルコを加えると、実に百十五話の癒しの話が記録されている。このうち、イエス以外の弟子たちによる癒しの例が、マルコに七例、マタイに三例、ルカに九例、合計十九例ほどあるが、それを差し引いた残りの九十六話は、すべてイエスによる病気なおしの話ということになる。

ところで、福音書の記録するこの厖大な病気なおしの話をめぐって、これまで繰り返し、ひとつの素朴な疑問が提出されてきた。それは、ナザレのイエスが、福音書にしるされているような不思議な仕方で、驚異の癒しをされたかどうか。医師たちが見放した不治の病の患者にたいし、癒しの奇跡をされたかどうか、という疑問である。

この一見素朴な問いは、その包含する史的イエス復原の問題とからんで、これまで数限りない論争を生んできた。ここでは、こうした論議には、できる限り深入りしないようにしたい。というのは、この素朴な疑問の背後には、しばしば強力な神学的護教論が隠されていて、史的イエスの論争を一層複雑なものに仕立てているからである。それはしばしば、崩壊しかけた史的イエスの救難作業の願望とひとつになっている。こうした願望が、奇跡物語をはじめ、福音書にうつしだされた治癒神イエスの研究を、どれ程阻害してきたか。

使徒たちの治癒活動

イエスが、福音書にしるされているような不思議な仕方で、はたして、病気なおしをされたかどうか。それはともかくイエスの弟子たち、あるいは最初の教会が、病気なおしをおこなった事実は疑問の余地がない。福音書によると、彼らはそれをイエスの名においておこなった。

不思議なことに、イエスの弟子たちも、そして民衆も、イエスによる癒しとイエスの名による癒しとの間に、区別をたてる必要を少しも感じてはいなかった。ここに問題の手懸りがある。というのは、イエスがガリラヤの村々を遊行し、病人に癒しの手をさしのべられたという福音書の記述は、イエスの弟子たち、あるいは初代教会が、村々を経巡り、イエスの名によって病気をなおしたという事実とひとつに重なっている。少なくとも、その公算がすこぶる高いということになるからである。

このことは、福音書記者のマタイもマルコも、使徒派遣について語るとき、なぜに治癒権の委任についても語らねばならなかったか、そうした古伝承に含まれる記憶とけっして無関係ではないだろう。福音書によると、使徒たちは、イエスの命ずるままに、宣教の使命をおびて、知らない町へ旅立っていった。

マルコによると、杖一本のほかには、食べ物も、銭も持つことを許されず、ただ病気を

マルトレル《カナンの女の娘の治療》 バルセロナ大聖堂

癒す権威、悪霊を制する権威をあたえられて出て行った（マタイ一〇・五―一〇、マルコ三・一四―一五、同六・七―九、ルカ九・一―六、同一〇・一―九など）。使徒権と治癒権とは、切り離しがたく結合されていたのである。使徒たちは、〈イエスの名において〉それを行使した（マルコ一六・一七、ルカ一〇・一七、他に使徒三・六）。

使徒ペテロはいう。「わたしには金や銀はないが、持っているものをあげよう。ナザレの人イエス・キリストの名によって立ち上がり、歩きなさい」（使徒三・六）。すると、足のきかない男は、踊りあがって歩きだすのであった。

こうした事実にもとづいて、福音書

記者は、イエスによる驚異の治癒を、生き生きと書きつづることができたのではないか。要するに使徒権と治癒権とが、切り離しがたいものとして結合されていた状況が、ここでは問題なのである。極言すると、イエスはこうした状況のなかで、まさに治癒神となった。ナザレのイエスは、このような中から他の治癒神と競合する、新しく若い治癒神として登場した。初期キリスト教の、その後の歴史は、このような競合の過程をとおして、いかに深く、イエス自身に治癒神の刻印が、きざみこまれていったかを示している。

先にわれわれは、「カナンの神々の系譜」のなかで、古代オリエント宗教史にあらわれる、治癒神の系譜をたどることを試みた。それは、オリエント世界に活躍した驚異の治癒神が、実はアーカイックな死と再生の花婿神であったこと、太古の埋もれた神話と伝承に登場する美しい豊饒の女神、勝利の舞の女神の、実は配偶男神であったことを示していた。はたしてイエスはどうか。われわれは、イエスに着せられた驚異の治癒神の衣裳について、古代末期の、特異な宗教的、社会的状況からそれを明らかにしていこう。

古代イスラエルの治癒権――レビ記から

古代社会において、病気とその治療に関する知識が、全体として、呪術―宗教体系の中に包含されていたことについては、あらためて指摘するまでもない。人間の死も含めて、病気はことごとく神に起因し、その限りすべての病気は、多少とも、人間の犯した罪にたいする神的懲罰とみられていた。したがって、病気の治療には宗教儀礼が関与する。このようにして、医療は祭司の手にゆだねられ、医術の行使は、宗教の本質的な呪術的機能と直結してきたのである。

古代イスラエルの場合も、事情は同様であった。旧約聖書ヨブ記に描かれた苦難物語の背後には、病気を神の刑罰とみる呪術―宗教的観念が横たわっている。病気は、犯した罪にたいするまぎれのない神の懲罰のしるしであった。ヨブの苦難は、自らの義の証しのために、自己の道徳的高潔にかけて、こうした烙印の強請と戦わねばならなかったところにある。病気との対決を、自己の道徳的行為の完成によって成就しなければならなかったヨブの状況に含まれる矛盾は、どうにも否定しようがない。

こうしたヨブの場合も含めて、旧約聖書には、忌むべきもろもろの病気にたいする、厳格な戒律が定められていた。とくに、治療の手だてのない恐るべき病気については、不可触の禁忌が適用されていた。重い皮膚病は、その筆頭であった。

旧約聖書のレビ記一三章、一四章は、その詳細な病態生理の記録である。そこには、診断に必要な症候群が、細目にわたって列挙され、汚れた者と清い者とを識別するための規準が、網羅されている。発病が確認されると、患者は往来に出て、自ら大声で汚れた者であることを宣言し、その後に、汚れた者だけの住まう宿営に住むために、町を退去しなければならなかった（レビ記一三・四五―四六）。肉体の崩壊の以前に、社会的な死の制裁に耐えねばならなかったのである。患者は、死骸のように避けられた。

古代イスラエルは、こうした一連の医療行為――検診、診断、治療、隔離、社会復帰の許可の権限を、すべてユダヤの最高法院(サンヘドリン)をとおして、集中的に祭司の手にゆだねていた。祭司は、臨床医のように、この権限を行使した。病人をかくまったり、病気を隠したりする場合、祭司は、最高法院にかわって、制裁権を行使することができた。

一方、こうした祭司の職能は、厳密に魔術師や呪術師のそれから区別されていた。たとえば、出エジプト記二二章一七節「女呪術師を生かしておいてはならない」や、レビ記二〇章二七節の「男であれ、女であれ、口寄せや霊媒は必ず死刑に処せられる。彼らを石で打ち殺せ。彼らの行為は死罪に当たる……」など、ここには、魔術の使用者にたいする極刑の適用が、明文化されている。治癒権の行使にかかわる、正統と異端の規定であった。申命記では、「占い師、卜者、易者、呪術師、呪文を唱える者、口寄せ、霊媒、死者に伺いを立てる者」(申命記一八・一〇―一二)など、異端の範囲が一層細かく規定されている。

こうした禁止が、はたしてどこまで厳格に守られていたか。それはよくわからない。そもそも禁止命令が、こうした仕方で明文化されねばならなかったこと自体、実は、さまざまな呪術や魔法が、不法に横行していた事実を裏書きしているともいえる。違反者にたいする極刑の適用は、ユダヤの最高法院が、その取り締りに手を焼いていた証拠であったかもしれない。

イエスの場合

ところで、ここから問題が生ずる。というのは、このような旧約的背景からすると、福音書に描かれたイエスの驚異の病気なおしは、その不可思議な呪文や魔法の使用は言わずもがな、全体として、ユダヤの最高法院にたいする、無謀な挑戦であったとしか言いようがない。少なくとも、異端の誹り（そし）は免がれがたいように見える。加えてナザレのイエスには、重い皮膚病を患う人との接触という重大な禁忌（きんき）の侵犯が多々ある。イエスは、極刑を承知で、あえて権力に戦闘を挑んだのであろうか。

《皮膚病を癒す》
イスタンブール　コーラ修道院

ところが奇妙なことに、福音書には、イエスの奇跡の癒しに関する告発がない。一例もないのである。イエスの癒しが、どうしてユダヤのパリサイびとや律法学者の監視の眼を逃れることができたか。

《中風者の治療》　ラヴェンナ　モザイク

なぜにイエスの癒しは、彼らの告発の対象とはならなかったか。旧約のそれに照らして、ここには不可解な疑問がある。もっとも、論争物語の中には、そうした告発の例がないでもない。

　たとえば、安息日（あんそくにち）の癒し（マタイ一二・九―一四、マルコ三・一―六、ルカ一三・一〇―一七）や中風の者の癒し（マタイ九・一―八）がそれである。これらの例では、イエスは確かに告発されている。ところが仔細にみると、いずれの場合も、癒しの行為そのものは、正確に告発から除外されている。安息日の癒しの物語では、ユダヤ教の戒律である安息日の労働の禁止にたいする、イエスの違反が問題だったのであり、癒しの行為自体には咎（とが）めがなかった。中風の者の癒しの場合も同様である。

律法学者たちの告発は、イエスの癒しそのものにではなく、癒しにさいしてイエスの語った言葉にむかって用意された。そこに含まれる瀆神性が問題だったからである。なぜに癒しの奇跡が、その呪文や魔法の使用とともに、論争の対象とはならなかったか。なぜに重い皮膚病患者との接触が、禁忌の侵犯とはならなかったか。

『イエスの奇跡』（一九六五年）の著者、ヴァン・デア・ルースによると、このひとつの疑問から、実に長い神学上の論争が、繰りかえされてきたという。その最初の口火を切ったのが、P・フィービッヒとA・シュラッターの論争である。

イエスの奇跡をどこに位置づけるか

フィービッヒは、その著『新約聖書の奇跡への古代奇跡物語の影響』（一九一一年）の中で、先の疑問にこう答えた。

イエス時代のエルサレム、およびガリラヤは、奇跡にまつわる不思議な話が、あたかも日常的であるかのような、すこぶる特異な状況におかれていた。たとえばタルムード（ユダヤ教律法学者の口伝・解説集。四―六世紀）に登場するイエス時代のラビ（ユダヤの教師）たちは、先に述べた旧約的背景からすると、まるで別人のように、魔法や呪術に寛容であった。彼らは、好んで奇跡を起こした。それは魔術師のように大胆で、あるラビは呪文を唱えて雨をよんだり、嵐をしずめたり、時には病人を癒し、また死者に語りかけて、蘇らせることすら不可能ではない。

一方、ユダヤの民衆は、こうしたラビたちの不思議な力を喝采し、奇跡にまつわる伝説を、ラビたちの生涯の事蹟に織りこんで、物語を作成した。これがタルムードに記録されたラビの奇跡話である。福音書にしるされたおびただしいイエスの治癒活動も、これと事情は同様である。新約聖書は、イエスの驚異の奇跡を語ることによって、まさに、その起源を語っているのである、と。

さて、どのようなことになるか。福音書記者たちの奇妙な沈黙、それはユダヤのラビたちが、彼ら自身魔法の使用者であったという、事実から説明されることになる。彼らは、彼ら自身が違反しているゆえに、イエスにむかって容赦のない告発状をつきつけることができなかった。要するにイエスの違反は、相殺されていたというのである。

このフィービッヒの見解にたいし、シュラッターは、『シナゴグにおける奇跡』（一九一二年）において、次のように反論する。ユダヤのラビたちが、イエスと同様、彼らの会堂（シナゴグ）において驚異の奇跡を、おこなっていた事実については、さしあたり疑問はない。しかし彼らはそれを、フィービッヒのいうように、魔法としておこなっていたのでは断じてない。

ラビたちにとって、魔法や呪術が違法であるのは、旧約の律法に照らして疑問の余地がなかったからである。ラビたちは奇跡によって、異端を演技したのではなく、旧約聖書にしるされた神の不思議な業が、現実に起こり得ることを、人々の前に証明しようとしたのである。イエスの行為も、同様であると。

このシュラッターの見解には、K・ボルンホイザー、J・クラウスナー、K・L・シュミットなど多数の同調者がいる。彼らはいずれも、驚異の奇跡を旧約聖書における神の不思議の延長としてとらえ、ラビやイエスが、魔術や呪文によって、自由に奇跡をおこない得たとする解釈を、遮断しようとするのである。イエスの奇跡は、ここでは、正統ユダヤの奇跡理解の枠内に閉じこめられたままである。

悪霊を払うイエス

しかし、矛盾は次第に拡大されていく。イエスの奇跡の魔術的性格は、明らかに旧約聖書からの逸脱を示唆していたからである。それはとくに、悪霊払いの物語において顕著である。次の物語は、「ゲラサの悪霊」の癒しの話である。

「悪霊に取りつかれた者が二人、墓場から出てイエスのところにやって来た。二人は非常に狂暴で、だれもその辺りの道を通れないほどであった。突然、彼らは叫んだ。『神の子、かまわないでくれ。まだ、その時ではないのにここに来て、我々を苦しめるのか。』はるかかなたで多くの豚の群れがえさをあさっていた。そこで、悪霊どもはイエスに、『我々を追い出すのなら、あの豚の中にやってくれ』と願った。イエスが、『行け』と言われると、悪霊どもは二人から出て、豚の中に入った。すると、豚の群れはみな崖を下って湖になだれ込み、水の中で死んだ」（マタイ八・二八―三二。他にマルコとルカに平行記事がある）。

福音書には、こうした話が随所にある。イエスの言葉は、あたかも魔法の呪文のように、その不思議な威力を発揮する。

イエスにみられるこうした悪霊払いの物語は、福音書だけではなくラビ文学にも顕著にみられる。この注目すべき一致は、どこにその理由があるのか。これについてドイツの神学者のO・ペレルスは、ラビとイエスが、悪霊払いの癒しの奇跡で出会うのは、当時、悪霊憑きの治癒物語が定型的様式をそなえた文学として、広く民衆に流布していた結果によるという。福音書もラビ文学も、それを利用したにすぎなかった。それが両者の一致の理由であるという。ペレルスは、特定の状況における奇跡物語伝承の流行を指摘したのである。

ここで問題は振り出しにもどる。というのは、ペレルスの主張には、ラビとイエスをまきこんだ奇跡の、特殊な状況の指摘が含まれていたからである。それこそフィービッヒが、最初に指摘した特異な状況、「奇跡物語が日常的であるような状況」にほかならない。論争は一回転した。その後の論議の動向は、M・ディベリウスやR・ブルトマンの手にゆだねられることになる。

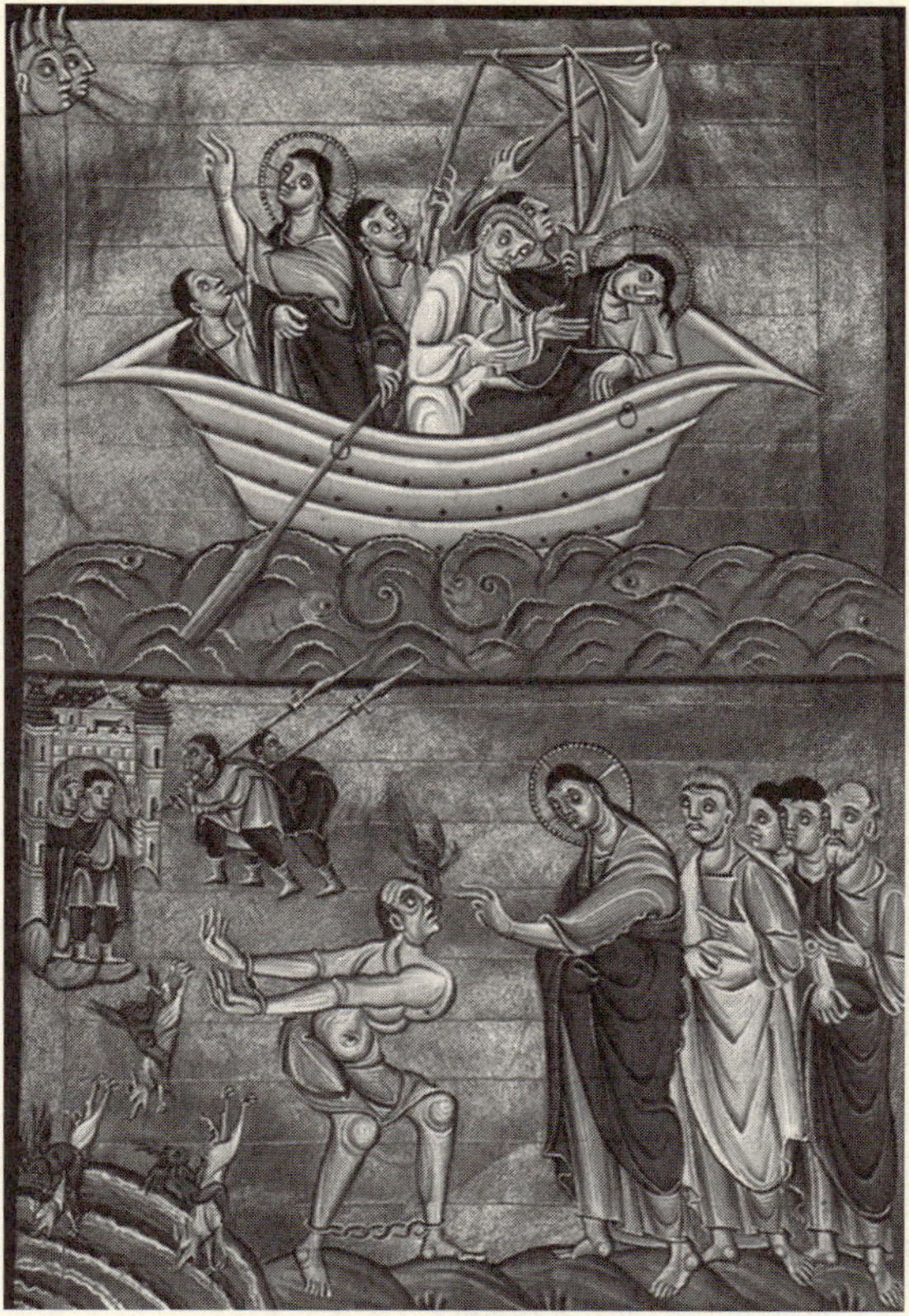

《嵐をしずめる》（上）《悪霊を追い払う》（下）
「オットー3世福音書」より

ガリラヤのイエス

ヘレニズム系の伝承から

ディベリウスも、ブルトマンも、イエスの奇跡の正確な全体は、福音書の治癒物語やユダヤのラビ文学の研究だけでは究明が不可能である、という確認から出発する。今や聖書以外の奇跡物語文献が、大量に彼らの研究にとりこまれてくることになる。彼らはそれを、けっして無差別にではなく、一定の比較枠にしたがって、相互に比較検討することから彼らの作業を開始した。

ブルトマンの到達した結論によると、福音書の治癒物語伝承は、内容上ユダヤのラビ文学の奇跡物語と酷似しているが、その様式と動機において、同じであるとは断定できない。むしろ福音書の治癒物語は、ヘレニズム系治癒物語との類似によって、それと同様の状況、社会的条件のもとに生みだされたと判断せざるを得ない。こう推論する。

要するに、治癒物語伝承の担い手は、ヘレニズム的キリスト教団(ゲマインデ)であり、彼らはそれを正統ユダヤの外側で担っていたというのである。ブルトマンにとって、治癒神イエスは、明白に旧約聖書のレビ記的射程の圏外に立っていた。しかし彼は、その場所がどこである

死海のクムラン洞穴群の位置（上）、死海沿岸のワディ・クムラン（下）

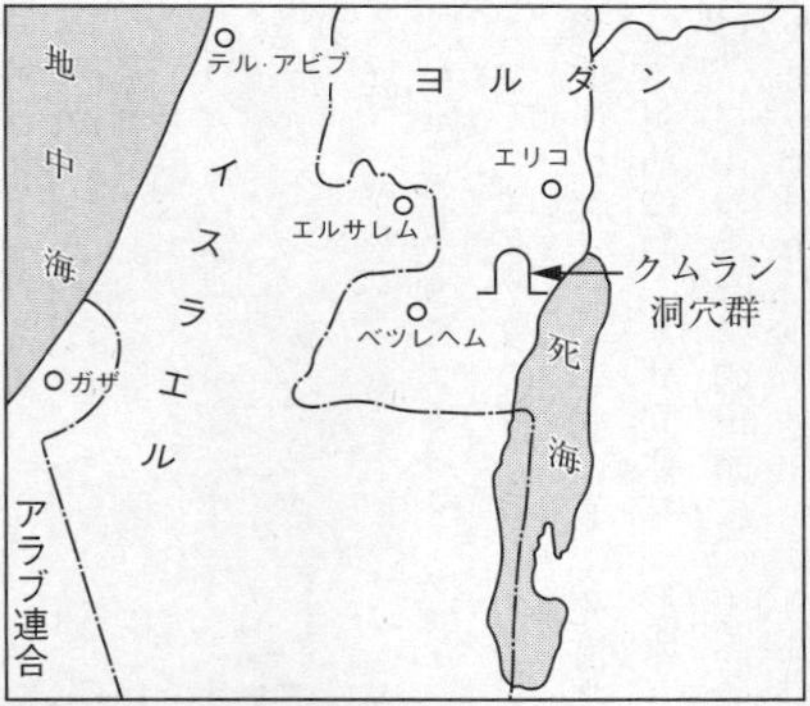

イスラエル大使館広報部提供

死海文書　巻物の断片とインク壺

かを明言しない。ただ後期ユダヤの、ヘレニズム的混淆の、もっとも顕著な地帯に、彼は治癒神イエスの登場を想定したのである。

そのような地帯とは、いったいどこであったか。治癒神イエスの登場に関する研究は、近年もっぱら、後期ユダヤの複雑な政治的状勢と、ヘレニズム末期の特異な宗教的状況の、交錯した地帯の確定に、その照明をあててきた。

とくに、いわゆる「死海文書」の発見（一九四七年、ベドウィンの一少年によって、クムランの洞穴で発見された最古の旧約文書）によって、ユダヤ教の一分派のエッセネ派に、かなり近いと目されるクムラン教団が、死海西北岸に存在し、いわゆる「死海文書」を中心に「洗礼（バプテスマ）」と「聖餐」とを守り、厳格な禁欲生活に徹した共同体を、形成していたことが明らかにされ、しかも注目すべきことには、マルコ福音書の冒頭に、イエスの先駆者として登場する「洗礼派（バプテスマ）」のヨハネが、これと何らかのかかわりをもっていたことが想定されるに及んで、こうした研究傾向に、一段と拍車がかけられるにいたった。

たしかに、福音書にうつしだされたバプテスマのヨハネには、「死海文書」の担い手であるクムラン共同体の、禁欲的で、この世の終わりの間近な到来を確信する終末論的信仰が、色濃く投影されている。それだけではない。さらに重要なことは、ヨハネの活動の舞台となった〈荒野〉、すなわちヨルダン川周辺は、クムラン教団の存在した死海西北岸に、地理的にも接近している。両者の間のかかわりは、ことのほか近いと想定すべき十分な理由がある。

ヨハネからイエスへ

こうしたヨハネとクムラン共同体との関連の想定は、イエスの出現が、ヨハネによって準備されたという、福音書記者マルコの証言と重なって、一層、重要性を増幅する。マルコによると、イエスは、「ガリラヤのナザレから来て、ヨルダン川でヨハネから洗礼を受け」(マルコ一・九)、ヨハネが捕えられた後、ガリラヤを起点に、最初の宣教を開始した。「時は満ち、神の国は近づいた。悔い改めて福音を信じなさい」。これがイエスの宣教の第一声であった。紀元二七年頃のことである。イエスの声には、悔い改めを求めて荒野に呼ばわる預言者ヨハネの声の残響がある。

こうみてくると、ユダヤ教からキリスト教への複雑な移行過程は、ひとつの図式によっ

アンドレア・デル・サルト《若き洗礼者ヨハネ》
フィレンツェ　ピッティ美術館

て示されることになる。それは後期ユダヤ教↓エッセネ派↓クムラン教団↓洗礼派のヨハネへと、その輪を小さくし、ついに、ナザレのイエスに到達する図式である。「死海文書」の発見が、謎につつまれたユダヤ教からキリスト教への移行の歴史の空白を埋める、いかに大きな事件であったかがわかるだろう。

ところで、この図式には致命的弱点がひとつある。それは、最後の鍵をにぎるイエスとヨハネの関係が、実のところきわめて不確かで、あいまいなままにとどまっているからである。たしかにイエスが、ヨハネ集団にいたことは、史実とみて間違いないし、ヨハネの逮捕後、イエスがただちに着手した宣教活動が、このヨハネ集団と地理的に接近した地点で開始されたことも、疑い得ない事実であろう。ここまでは問題はない。

しかしそれは、マルコの証言によると、イエスの活動の出発点においてそうであったというだけで、その後のかかわりはわからない。むしろイエスは、洗礼派ヨハネの集団から、その後は完全に絶縁していた公算が強い。福音書にうつしだされたその後のイエスに、ヨハネの似姿を求めることはむずかしい。

ヨハネは、らくだの毛ごろもを身にまとい、腰には皮の帯をしめ、いなごと野蜜を食物として荒野に叫んでいた。彼は、罪のゆるしのバプテスマを宣べ伝えていたのである。イエスはどうであったか。イエスの宣教の第一声には、たしかに、ヨハネの叫びの響きがある。しかし、イエスはヨハネとちがって〈荒野〉から〈町〉へむかった。そこには、貧しい多くの民衆、悪霊にとりつかれたもの、重い皮膚病を患う人、足の悪い人、罪ある女……がいた。

イエスはいう。「医者を必要とするのは、丈夫な人ではなく病人である。わたしが来たのは、正しい人を招くためではなく、罪人を招くためである」（マルコ二・一七）。イエスは、社会の片すみのこうした貧しい民衆と交わり、彼らと食事を共にし、彼らに祝福をあたえることを、むしろのぞんでいたのである。イエスの弟子たちも、また同様であった。

イエスとヨハネの差

しかし、イエスとヨハネとの最大の違いは、病気なおしにある。イエスは、「町や村を残らず回って」（マタイ九・三五）、病人を求めてたずね歩く驚異と奇跡の治療者であった。

ヨハネには、それがまったくない。マルコ福音書第一章のイエスの最初の宣教活動は、まさに、奇跡の病気なおしの描写からはじめられている。

イエスの周囲は、たちまち病人でいっぱいになった。イエスの評判は、またたくまにガリラヤの全地方、いたるところにひろまり、「人々は四方からイエスのところに集まって来た」（マルコ一・四五）とマルコはいう。実に、さまざまな病人がやってきたのである。重い皮膚病を患う人も、悪霊につかれたものもそこにはいた。こうした病気は、ユダヤ人が神の懲罰として忌み嫌う、もっともおそろしい病いであった。もちろんイエスが、そのことを知らぬはずはない。

しかしイエスは、まったく差別をしない。しかも、それはイエスだけではなかった。イエスの弟子たちも、同様であった。彼らもまた、師にならって病人のいやしを、彼らの重要な任務としたのである。十二人の使徒たちは、「イエスの名によって」不思議ないやしを、人々にほどこした。

このようにみてくると、ヨハネ集団とイエス集団との間のひらきは、もはや決定的である。治癒神イエスの登場には、クムラン教団、およびヨハネ集団と明白に違った、もうひとつの系列がからんでいたということになる。

ガリラヤ——その特異性

いったい、この系列とは何であったか。当然のことながら、われわれの関心は、パレスチナ周辺、とくにイエスの病気なおしの舞台となったガリラヤ地域に集中する。すでに、イエス時代のパレスチナは、紀元前二世紀のアンティオコス四世によるエルサレムのヘレニズム化政策、および紀元前六三年以来のローマ支配をとおして、想像以上に、ヘレニズム化＝ローマ化の過程が進行していたとみて差しつかえない。

もっとも、そのことがただちに、ユダヤ教のヘレニズム化に直結したかというと、それには疑問がある。というのは、ユダヤ行政府の中心エルサレムには、ユダヤ教正統派を以って任ずるファリサイ派、とりわけ熱心党のように、当初からヘレニズム化政策に反対の、きわめて強固なユダヤ民族主義が存在していた事実があるからである。

しかし、エルサレムはともかく、ユダヤの辺境の地ガリラヤとなると話は別である。ガリラヤとは、もともとガーリール（円・地域）というヘブライ語が、アラム語を経てギリシア語化されたもので、ユダヤ王国時代、ガリラヤ地域は、すでにゲリール・ハッゴーイム（諸民族の地域）とよばれていた（A・アルト『ガリラヤ問題』一九五三年）。ガリラヤは、ユダヤ教とオリエント的―ヘレニズム的宗教との混淆地帯であったのである。

こうした諸民族地域のガリラヤに、エルサレム的民族主義を想定することはむずかしい。むしろガリラヤには、「ヘレニズムに通じ易い精神風土が育くまれていた可能性がある」（荒井献「原始キリスト教の成立」『岩波講座・世界歴史2』一九六九年）。しかもガリラヤは、

イエス時代のパレスチナ

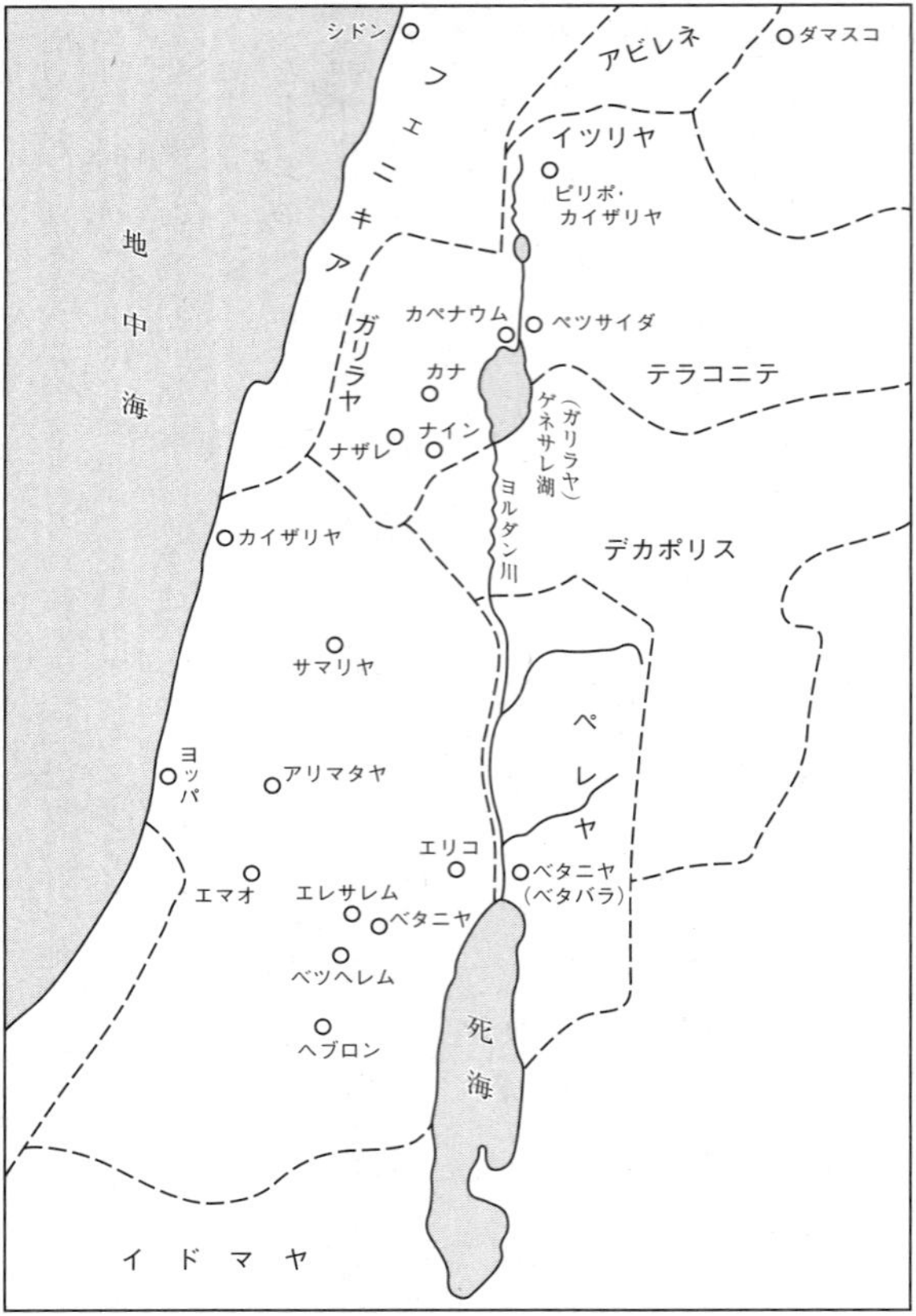

先に第二部で述べたように、ヘレニズム世界の驚異の治癒神、エシュムン－アスクレピオス信仰の一拠点であるフェニキアの都市シドンと、きわめて接近している。福音書によると、シドンは奇跡の起こりやすい町であったという（マタイ一一・二一、ルカ四・二六、ルカ一〇・一三）。

福音書に関するもっとも新しい研究は、エルサレムを中心とする原始キリスト教団にたいし、このガリラヤ地域にもキリスト教徒の集団が存在していたこと、前者が救い主メシヤ＝キリスト伝承の担い手であったのにたいし、後者は、イエスの奇跡物語伝承の担い手であったことを、疑い得ないものとしつつある。

マルコはなぜ治癒神イエスを書いたか

田川建三『原始キリスト教史の一断面』（勁草書房 一九六八年）は、治癒神イエスの奇跡物語伝承の担い手たちがたっていた不特定の空間を、辺境ガリラヤに定位することによって、その問題史的局面を一変させる。それによると、福音書記者マルコが、治癒神イエスの登場を生き生きと素朴に描きだすことに成功したのは、マルコ記者のまったく独創的な手法によるという。その手法の発見は、きわめて緊密な仕方で、マルコ自身のガリラヤ理解とひとつに結合されていた。マルコは、ガリラヤによってエルサレムを意識し、エルサレムを意識することによって、鋭くガリラヤに自己を定位したのである。したがって、マルコ福音書の全体は、マルコにおけるガリラヤ理解を、いかに集中的に解明し得るかにかかっている。

このようにして、ガリラヤは、田川にとってマルコ理解のクサビの石となったのである。この田川の描き出す「ガリラヤ」の詳細は、ここでは特に必要がないので省略する。ただ論旨のすすめに必要な程度に、次の三点にしぼって要約するにとどめる。

その第一はガリラヤの辺境性である。ガリラヤは、ユダヤの北方サマリヤの、さらにまた北方に位置している。ユダヤ行政府の中心エルサレムからすると、ガリラヤの地理的・風土的辺境性は否定しがたい。

第二は、ガリラヤの異教性である。ガリラヤはそもそも、イスラエル王国時代すでに「異邦人のガリラヤ」(マタイ四・一五)とよばれていた。その長い埋もれた民族の歴史からすると、ガリラヤは海岸都市フェニキアの一部に組みこまれてきたのである。単に地理的側面からだけでなく、ユダヤとの合併は、むしろ異例に属する。ガリラヤの異教性は、ガリラヤ本来のものである。

第三は、反エルサレム的—反体制的性格である。前の一、二と関連して、エルサレムの最高法院にたいする反体制的性格が、ガリラヤの政治風土を決定づけている。

田川は、こうした「ガリラヤ」理解に、マルコが意識的に治癒神イエスの登場を設定したとみる。ここに田川の重要なテーゼがくる。というのは田川にとって、辺境ガリラヤを

イエスが生まれたガリラヤのナザレ
イスラエル大使館広報部提供

エルサレムに対決させたのは、イエス自身であるよりは、明白に後の福音書記者マルコの独創によるものであったからである。こうした解釈の中で、伝承の単なる編集者であるにすぎなかったマルコは、ひとりの思想家へ変身する。

ガリラヤにおける治癒神イエスの登場は、明らかにマルコの独創による。マルコは、意図的に、ガリラヤをエルサレムに対置させる仕方で、周到な用意をもって、驚異の治癒神イエスの登場を準備したのである。マルコにとって、治癒神イエスの登場は、ガリラヤなしにはあり得ない。田川は、治癒神イエスを、マルコの思想の核心にむかって問いつめたことになる。

奇跡伝承の担い手たち

ところでこうした解釈の妥当性を、承認しながらも、田川がマルコの思想を追跡するあまりに、やや性急に飛び越していった問題に、「文学社会学」的照明をあて、それによって伝承を担った民衆の社会的条件を確認し、その確認された条件から、逆に史的イエスの行動を推定し、歴史のイエスの原像に接近しようとするのが、荒井献『イエスとその時代』（岩波書店　一九七四年）である。

荒井の方法の斬新さは、伝承の担い手となった民衆を、社会の階層性においてとらえ、そのことによって、伝承に記憶されたイエス像の、社会的階層性を浮き彫りにしようとした点にある（こうした荒井の発想については、荒井も認めているように、フランスの新約聖書学者E・トロクメの影響が濃い。荒井はそれを徹底したのである）。こうした方法によって、奇跡物語伝承を分析した結果は、次のようになる。

第一に、奇跡物語の担い手となった民衆は、イエスの言葉伝承を担った小市民層とは違って、社会の最下層、とりわけ社会的に差別の対象とされた、いわゆる「地の民」（アム・ハ・アレツ）ないしは「罪人」とよばれていた階層である。

第二に、彼らの生活・行動の場は、ガリラヤの農村であった。

第三に、彼らの用いた日常語はアラム語であり、彼らは、差別された状態から、社会

〈家族〉への復帰を、熱望していた。

こうして荒井は、トロクメが、奇跡物語伝承に関して、やや漠然と想定した農民層の概念を、伝承自体に含まれる社会的要因の分析をとおして、一層明確に定義したのである。それは、田川のいう辺境ガリラヤの最下層の農民であった。荒井はまさに、治癒神イエスの登場を切望した民衆の状況を、ここにとりだしたのである。ガリラヤのナザレの町の、小市民層から出たイエスが、社会の最下層の「地の民」と交わり、彼らの抑圧された願望や期待にこたえながら、彼らの生きようとする方向へ、自らの運命を賭けていく。そうしたイエスの行動を、荒井は驚異の治癒物語伝承の背後に読みとろうとしたのである。

しかし、キリスト教の起源、ひいては福音書成立にまつわる空白が、このガリラヤ教団＝驚異の病気なおしの信徒集団を想定することによって、埋めつくされるかどうか。それは、今後の研究に待つほかない。

いずれにせよ、ガリラヤ的風土に育ち、エルサレム中心のユダヤ民族主義や、キリスト論的イエス理解に批判的であったひとりの福音書記者が、ガリラヤ地方に伝わる病気なおしの奇跡伝承を用いて、ナザレのイエスの生涯を、〈驚き〉として、歴史に再現しようとした事実は、疑うことができないだろう。その記者こそマルコであった。こうしたマルコの手によって、治癒神イエスは、諸民族の地域のガリラヤを背景に登場したのである。

Ⅱ　イエスとアスクレピオスの競合と葛藤

競合する病気なおしの神々

アリスティデスの証言

われわれはここで、大きく視点を変えて治癒神イエスを特徴づける「遊行神的性格」の宗教史的な分析に、入ることにしたい。というのは、われわれにとっては、治癒物語の古伝承から浮かびあがってくる歴史のイエスの原像の復原が、問題なのではなく、そのイエスに確実に着せられたに違いない治癒神の衣裳が、そしてその行動の軌跡が問題だからである。

辺境の地ガリラヤの差別された「地の民」が、その押しこめられた社会的、政治的状況の只中で伝承の中に記憶した治癒神イエスは、古典的世界の没落期に、ヘレニズム諸都市を襲った悪疫の流行におののく民衆が、その驚くべき治癒力のゆえに畏敬と喝采をもって崇拝した遊行する治癒神と、どこかで大きく交差してはいなかったか。

われわれは、先に「カナンの神々の系譜」において、古代オリエントのカナン地域に活躍した、驚異の治癒神の神話論的系譜をたどることを試みた。わたしは、それをビブロスのアドニスやラス・シャムラのバァールからはじめて、シドンのエシュムン、エピダウロスのアスクレピオス、そして治癒神イエスの登場までを、ひと区切りに追跡した。

この追跡を通してみる限り、治癒神イエスにきざみこまれた死と再生の刻印は、敗北して歴史の舞台から消えていったカナンの神々のしるしとひとつになっているのである。問題は、こうした比較神話論的方法によって、はたしていかなる程度に、治癒神イエスの宗教史的特徴をひきだすことができるかにかかっている。

さて、先を急ぐことにしよう。ギリシアの著名な雄弁家であり、アスクレピオスの熱烈な崇拝者であった、アイリオスのアリスティデスは、彼の時代（紀元二世紀頃）のローマやアテネの驚く程多くの病気なおしの神々の活躍について語っている。アテネやローマの神殿は、難病、奇病にとりつかれた病人たちで、ごったがえしていたという。病気は、すべて神々によってやってきた。

アポロの投げ矢はペストをもたらし、蛇のような髪をしたフリスの女神は、人々を狂気にかりたてる。病気にかかると、人は神癒（しんゆ）を求めて神殿にやってきた。オリンポスのゼウスは、アテネの守護神であるが、ロードス島では医神であった。女神アテナも同様である。彼女はスパルタでは眼病の癒しを特技とした。アポロは薬の発明者であり、その職能は、難産の治療、予防、救助であり、医師であって、救済主であるとみなされていた。アリスティデスの列挙する治癒神の数は、セラピス、イシス、ゼウス、アテナ、ヘラクレス、アスクレピオス、アポロ、ディオニソスなど十指に余る。アリスティデスは、こうした並みいる医神の中で、アスクレピオスの治癒力に関する抜群の名声を、讃美しているのである。いったいその名声はどこからきたか。

都市化と疫病の流行

これについては後にふれるが、新しい医術の採用が、アスクレピオス神殿治療の、名声の源泉であった事実は、否定することができないだろう。この新しい医術に、古代ギリシアのヒポクラテスの医学が、どれ程影響をあたえていたか。もちろんその詳細はわからない。しかし、この段階では、影響していたとしても不思議はない。ただ医術自体は進んでいたが、いぜんとして呪術―宗教体系と切り離しがたく結合し、宗教儀礼の一部を構成していたのである。

アテネが、素姓の知れない医神アスクレピオス崇拝を、正式に承認したのが何時であったか。碑文によると、紀元前三五〇年には、すでに確実に承認されていた。承認の理由には、ペストの流行を食い止めた功績が記録されている。アスクレピオスは、疫病の流行からアテネを救ったというのである。こうしたアスクレピオスの隆盛の背後には、オリンポ

アスクレピオスから治療を受ける患者たち
紀元前 350 年ごろの奉納板　アテネ国立博物館

スの神々の凋落という事実がある。守護神の交代である。アスクレピオスは、アテネの医神との競合に勝ったのである。

このアテネの勝利が突破口となって、治癒神アスクレピオスの、ヘレニズム諸都市への拡散がはじまる。記録には、ローマ、ペルガモン、エーゲへの分祠がしるされている。いずれも疫病の流行が、その最大の理由であった。一世紀から二世紀にかけてのことである。キリスト教がヘレニズム世界へと浸透していくためには、こうした状況の真っ只中では、治癒神の競合として開始されなければならなかった。「いかなる宗教も、奇跡の癒しの約束なしに、この競争に参加することはできなかった」（H・シゲリスト『文明と病気』岩波書店　一九七三年）。

ヘレニズムの多くの治癒物語伝承をはじめ、福音書やラビ文学における病気なおしの物語には、恐ろしい疫病の直撃によって、ひとたまりもなく崩壊にさらされた都市生活者の不安が、色濃く影をおとしてはいないか。ヘレニズム諸都市におけるキリスト教の急速な浸透の背景に、こうした都市化にともなう疫病の流行に苦しむ民衆が、存在した事実を読みとることを忘れてはならないだろう。治癒物語は、その動かぬ証拠なのである。

ところで、この治癒神の競合という現象自体が、実は、守護神を中心に結集された古典的世界が、没落していく歴史過程と、正確に対応している。すでに先にも述べたように、原始医学が、呪術—宗教体系に包含されていた時代、宗教はポリス共同体にとって、民衆を恐ろしい悪疫の襲撃から防禦する〈堅固な城塞〉（アリスティデス）の役割をはたしていた。古典的ポリス国家は、こうした守護神を中心に結集されたのである。したがって、治癒神相互の競合という事態は、ポリス国家の解体という、一連の歴史過程を無視しては考えられない。

遊行する治癒神

治癒神アスクレピオスは、オリンポスの神々と違って、ポリスからポリスへ病人を求めて「たずね歩く神」であり、アリスティデスの言葉を用いると、求められるよりも、彼自身が求める神であった。治癒神イエスも同様である。否、イエスこそは、アスクレピオス以上に、村でも都市でも部落でも、病人を求めて遊行する神として登場するのである。福音書に描かれた治癒神イエスの遊行的性格は、こうした背景から理解されねばならない。そこでは国家的祭儀としての宗教は、もはや存在の根拠がなかったのである。福音書は、その豊かな史料である。

宗教史的にみると、この遊行する治癒神の登場は、歴史に新紀元を画している。こうした神々の出現によって、歴史は神々の競合の時代に突入したからである。アリスティデスの十指に余る治癒神の活躍の報告は、こうした歴史の断面を伝えていた。時代は、アレクサンダーの東征（紀元前三三四年）以降、ポリス国家に支えられた、ギリシアの古典的世界の没落から、ローマの覇権が東部地中海に確立するまでの三百年間、いわゆるヘレニズムの時代に相当する。

驚異と不思議の病気なおしの神々は、アーカイックな死と再生の痕跡に加えて、彷徨し、遊行する神々の明白な特徴を身におびて活躍する。治癒神の競合と葛藤の時代であった。こうした中での治癒神イエスの勝利には、ローマ帝国の権力機構の裏打ちがあった（これについては後述する）。しかし勝敗の帰趨を決定した多くの要因の中で、医術自体の競合があったことを、忘れるわけにはいかないだろう。治癒力の優劣は、そのまま使用する医術の技術的優劣に直結しているからである。

われわれは、次にヒポクラテスの『神聖病について』および『流行病』を中心に、ギリシア古典期の医術の実際に眼をとおしてみるとしよう。それは、きわめて正確に記録された臨床ノートであり、当時の医術の水準をうかがう貴重な資料だからである。

神聖病とは何か

神聖病とは、俗にいう「癲癇（てんかん）」をさしている。ヒポクラテスは、彼の神聖病論の冒頭を、この病気にまつわる宗教的偏見と呪術的治療にたいする、辛辣な攻撃からはじめている。「わたしの考えでは、この病気は、他の病気とくらべて、けっして神的でも、聖的でもなく、他の病気がそうであるように、この病気にも自然の原因がある。それなのに人々は、この病いが他の病気と様相を異にするために、無経験と驚異の念から、あたかも神的な原因がひそんでいるかのように考えたのである。彼らは、事態を認識できないために、当惑してこの病気の神聖性を盲信し続けるのであるが、一方、彼らの使用する安易な治療術のために、却ってその神聖性が潰されている。彼らは潔めとか祈禱によって病気を治療しようとするからである……」（『神聖病について』Ⅰ）。

本論執筆の正確な時期については、いろいろ説があるが、ほぼ紀元前四二〇年頃、それ以後にはくだらないと考えてよい。この頃すでにヒポクラテスは、医学と宗教との分離を、明確に宣言していた。それは現実には、呪術—宗教的な見せかけの治療との戦いであった。彼は、手のこんだ虚偽の医術によって人々をたぶらかす魔術師や祈禱師を、詐欺漢として告発する。彼は、こういう。

「かかる魔術師や祈禱師は、生計に窮して、策を弄し、人をたぶらかす者であり、本病の原因を、さまざまな神々に押しつけることによって、おのれの腹を肥やす詐欺師なのである。彼らは、病人の前では敬神をよそおいながら、その実、そうした虚偽の行為において瀆神（とくしん）の罪をおかしている……」（『神聖病について』Ⅱ）。

要するに「癲癇」の原因は、神にあるのではなく、「脳」にあるのであり、その限り、それは治癒され得るというのである。このようにしてヒポクラテスは、神聖病にまつわる迷信を槍玉にあげ、彼自身の大脳生理学に立脚した治療法を展開するのである。「わたしたちの快楽も歓喜も、笑いも戯れも、悲しみも苦悩も、憂うつも啼泣も、そうしたすべては脳以外からは生じない。わたしたちは、脳によって思考し、視覚、聴覚をはたらかせ、美醜、善悪、快不快を識別する」。これが脳の正常な機能であり、正気であるとヒポクラテスはいう。

医学の父ヒポクラテスの胸像

一方、「この同じ脳により、わたしたち

は狂気錯乱し、夜昼の別なく不安と恐怖におそわれ、不眠や徘徊、とりとめない心配、常軌を逸した思考や行動が生ずる……」。ここには脳障害としての狂気がある。ヒポクラテスは、人間における正常と異常、狂気と正気とを、すべて脳の機能の結果とみた。

ところが、世の祈禱師たちはどうであったか。彼はいう。「患者が山羊の鳴声をまねし、歯をくいしばるとき、また右半身にけいれんを起こすとき、神々の母が原因であると彼らはいう。より鋭く高い叫び声をあげるときには、馬になぞらえてポセイドンが原因だという。もし大便を失禁すると、エノシアの名があたえられ、それがひんぱんで鳥類のそれのようであると、アポローン・ノミオスのせいだという。口から泡を吹き、足で蹴ればアレース、夜中に錯乱状態におちいって、外に走りだすときはヘカテーが襲うとか、死者の霊が憑くという。潔めや祈禱を行なうとき、彼らは、この病気の患者を何か汚れたもののように、罪人のように、血またはその他のもので潔めるのである……」。

タブーに挑戦するヒポクラテス

ここには、なぜヒポクラテスが、彼の『神聖病について』の書き出しを、呪術師、祈禱師への痛烈な攻撃でもってはじめる必要があったか、その理由が浮き彫りにされている。彼の臨床ノートは、脳機能の障害が、いかなるメカニズムによって生ずるものか、いわゆる精神障害の原因の究明に集中している。彼の試みた頭部外傷患者にたいする大胆な穿孔(せんこう)

術も、そうした手だてに他ならなかった。

われわれは、彼のこうした行動の全体が、実は「神聖病」のタブーにたいする、挑戦であったことを知る必要がある。それが挑戦であったからこそ、彼の臨床記録の冒頭に、祈禱師や呪術師にたいする攻撃が、用意されねばならなかったのである。

さてヒポクラテスの没年を紀元前三七五年頃と推定すると、伝えられるように、彼があまねくギリシアの各地を歩いた時期は、ギリシアの治癒神アスクレピオスの神殿治療が、これからまさに最盛期に入ろうとしていた時期と符合する。

ヒポクラテスの脳外科手術
11 世紀の古写本より

ちなみに、アスクレピオスがトリッカを離れてペロポネソス半島のエピダウロスに移ったのが紀元前五世紀。アテネへの分祠が紀元前三五〇年より以前。ローマへの分祠は紀元前二九二年であった。アスクレピオスの神殿治療の隆盛と、ヒポクラテスを中心とする新しい医術の提唱には、なんらかの関係がなかったかどうか。時期的には、あったとしても少しも不思議はない。事実、ヒポクラテスはアスクレピオス門下の医師として修業を積んだことが知られている。

アスクレピオスの名声は、これまでの加持祈禱にとってかわる大胆な医術の採用によって、民衆の間に拡大していったのではないか。前に述べたエピダウロスの碑石にきざまれた七十話の治癒物語は、その使用する医術の大胆さ、病気にたいする即効的な効果において、驚異と不思議を民衆の眼に焼きつけていたに違いない。

碑文は、明らかに、そうした医術の根幹に、ヒポクラテス的外科手術があったことを示唆している。驚異の奇跡は、即効性の抜群な外科的医術の使用に、名声の秘密があったのではないか。アスクレピオスの医師団が、ヒポクラテスの高度の外科療法に、どこまで習熟していたかはわからない。しかし、軽度の手術は確実におこなわれていたと推定してさしつかえない。ヒポクラテスの穿孔術である大胆な脳外科手術はともかくとしても、小規模の外科手術なら、かなりの程度に採用されていたのではなかったか。こうした新しい医術の使用によって、もっぱら加持祈禱にたよるだけのオリンポスの神々を、蹴落とすことができたのではないか。

要するに、アスクレピオスの驚異の治癒力の秘密には、新しい外科的医術の採用が、一枚嚙んではいなかったか。われわれは、エピダウロスの碑石にきざまれた驚異と不思議の治癒物語から、こうした事実の推測に誘われないだろうか。

治癒神イエスの勝利

イエスが用いた医術

ここでわれわれは、論議の焦点を治癒神イエスにむけなければならない。問題は、福音書にしるされた疾病と、イエスの用いた医術の検討ということになる。治癒神イエスにかかわる驚異の治癒物語を、共観福音書（マタイ、マルコ、ルカの三つの福音書。ヨハネ福音書は除く）から、平行記事も含めて拾いあげていくと、全部で五十話ある。内訳はマタイに十八話、マルコに十五話、ルカに十七話ということになる。

これは、エピダウロス碑文の七十話とくらべて、数の上では劣りはするが、その定型的様式の完成度、物語に含まれるヴァリエーションの多彩さ、イエスの驚異的な治癒力の表現の卓抜さ、さらに民衆のリアルな心理描写の巧妙さなど、文学として、その量と質において、はるかにエピダウロスの治癒物語を凌駕するようにおもわれる。

先の五十の治癒物語に、福音書のいたるところに、断片的な挿話として織りこまれている、四十六の癒しの話、さらにイエスの弟子たちによる十九の癒しの奇跡を合算すると、延べにして百十五話の治癒物語が、福音書には記録されていることになる。

こうした驚異の治癒物語から、患者の病名を拾いあげてみると、どのようなことになるか。第一位に「汚れた霊に取りつかれた男」（マルコ一・二三）がくる。これが延べにして四十八話で断然多い。ただしこの数には、ギリシア語本文でははっきり区別されている「ダイモニオン」、「サタン」それにマルコ的用法ともいうべき「プネウマ・アカサルトン」（悪い霊）などが、すべて一括して「悪霊」として含まれている。

中には「口を利けなくする悪霊」（ルカ一一・一四）とか「ものも言わせず、耳も聞こえさせない霊」（マルコ九・二五）といった表現もあるが、これらもここではひとつに含めた。「悪霊憑き」は、福音書では、癲癇をはじめ広義のすべての精神障害を指している、と考えられるからである。

これに次いで、盲人の十三例、次に重い皮膚病を患う人の九例の順となる。その他、足のわるい者七例、耳のきこえない者六例、中風の者五例と続き、病名の判然としない熱病、出血、水腫、さそり、毒蛇の被害などが各々一、二例程度ずつ並んでいる。この他に、死者の蘇生が九話あるが、これもここでは驚異の癒しに加えて差し支えない。

タブーに挑むイエス

これだけの単純な分析から、性急に結論をひきだすことには、とうてい同意しがたいが、一瞥してアスクレピオスの疾病例との、大きな相違に気付かないわけにはいかない。先にわれわれは、アスクレピオスの驚異の治癒の秘密を、即効的な外科医術の使用に想定し、それとの関連で探ってみた。もっとも外科とか内科の識別が、碑石にきざまれた治癒物語から、どこまで可能か。そのことからして疑問である、という見方も成り立つ。

それなら視点を変えて、福音書の場合の筆頭を占める「悪霊憑き」についてはどうだろう。エピダウロス碑文にはこれが皆無なのである。次の重い皮膚病についてはどうか。これも同様、一例の記録もない。死人の蘇りについても皆無といってよい（稀有な一例があるが、死人の蘇りと言えるかどうか疑問である）。要するに、福音書の場合、主たる疾病の筆頭にあげられる精神障害や重い皮膚病、それに死人の蘇生など、目ぼしい病気がエピダウロスにはないのである。

《重い皮膚病の患者を癒す》
「オットー３世福音書」より

この大きな相違は、どうしても見逃すわけにはいかない。結論にむかって、短絡的に急ぐことは慎まなければならないが、これだけの相違は、ここで明白に確認できる。アスクレピオスの癒しの奇跡は、外科的疾患の治療に、その本領を発揮した。治癒神イエスの場合は、明白に「狂気」(「神聖病」を含む)にむかって集中している。加えて、重い皮膚病の患者や死者との接触がある。イエスは正面から、タブー侵犯の危険に直面していたということになる。

一方、アスクレピオスにはそれがない。エピダウロスの驚異の治癒には、その大胆で、劇的効果を発揮する外科的医術の使用を示唆するものが、含まれているにもかかわらず、宗教的な禁忌(タブー)にふれる病気については、一例の報告もそこにはない。アスクレピオスの超能力は、明白にタブーの内側に制限されていたのである。

アスクレピオスがギリシアにおいて、オリンポスの神々と容易に共存できたのは、そのためであるかもしれない。これはもちろん推定の域をでない。要するに、神聖病への挑戦という視点に立ってみる限り、アスクレピオスは脱落する。ヒポクラテスの系譜を継ぐのは、治癒神イエスだということになる。

イエスの穿孔術

イエスがことさら、目新しい医術を駆使した痕跡は、福音書には見当らない。アスクレピオスのそれとくらべて、はるかに見劣りがする。悪霊を追いだすために、イエスの用いた方法は、古めかしい呪術の域を出なかった。それでは、イエスは素手で、狂気のタブー

《エリコの目の見えない人を癒す》　モンテカッシーノの壁画

に挑戦したのか。ヒポクラテスの大脳生理や、あの大胆な大脳外科の穿孔術に匹敵する、いかなる手だてがイエスにはあったか。

　手だてはなかった。しかし治癒神イエスは、「汚れた者」や「悪霊に取りつかれた者」や「罪人」に背負わされていたマイナスの価値を、プラスにむかって一挙に逆転させる驚異の力をもっていた。社会の最下層に、人々から差別され、生きながら死骸のように拒否されていた人々を、一挙にプラスの価値にむかって転回させる〈力〉をもっていた。ヒポクラテスのもっとも嫌った祈禱師たちのように、「病人を汚れた者や罪人のように扱う」ことを、イエスは明確に拒絶する。イエスはいう「医者を必要とするのは、丈夫な人ではなく病人である。わたしが来たのは、正しい人を招くためではなく、罪人を招くためである」（マルコ二・一七）。

治癒神イエスの超能力は、こうした「言葉」の中に、その驚異の秘密がなかったか。こうした「言葉」によって、イエスは自由に、大胆に、禁忌の中心に侵入することができた。たしかに治癒神イエスには、医術を駆使した痕跡はない。しかし、こうした「言葉」の駆使によって、イエスは正面からタブーに挑戦し、激烈な競合と葛藤の末に、圧倒的な優位を誇った治癒神アスクレピオスを、遂に駆逐することに成功したのである。イエスにとって、「言葉」こそは、まさにヒポクラテスの穿孔術であった。

アスクレピオス神殿の破壊

驚異の治癒神アスクレピオス崇拝と、キリスト教との競合の歴史からすると、四世紀はその最後の決着のための激しい攻防の世紀であったようにおもわれる。すでに歴史に登場した若々しい治癒神イエスの優位は、動かなかったが、それを確認する権力基盤は、いぜん不確定なままに事態は進行していた。最後の決着はローマ皇帝の権力に握られていたのである。いったい、病気なおしの神は、権力にとって何であったか。治癒神イエスの登場には、終始一貫、この問題がからみついていたようにおもわれる。

三一三年、世に知られるコンスタンティヌスの宗教寛容令によって、それまで非合法化されていたキリスト教が、ローマやアテネの各都市で市民権を獲得し、公然と布教活動を開始したとき、それは同時に、都市化に伴う悪疫の流行に苦しむ民衆にたいする、活潑な治療活動の解禁をも意味していた。

キリスト教の公認は、一方において、こうした医療行為の正当な承認とひとつになっていたからである。治癒神アスクレピオスとイエスとの競合が、そのもっとも激烈な歴史過程において、こうした権力の干渉によって、勝敗の帰趨を左右されなかったという証拠はどこにもない。次の引用は、権力が、いかに見事に、アスクレピオスの追い討ちに拍車をかけたかを伝えている。エウセビオス（二六三―三三五）の「コンスタンティヌス伝」の一節である。

「……それは、（皇帝の）ただの一頷（いちがん）によって、大地にたたき伏せられてしまった。かの高貴な哲学者たちの、あまねく知られた〈驚異（サウマ）〉は、兵士たちの手で破壊されてしまった。そして、それと一緒に、そこに潜伏していたもの、すなわち、悪魔でもなければ、神でもなく、ただ長期にわたって人々をだまし続けてきた、単なる魂の詐欺師でしかなかったものも、打ち倒されてしまったのである……」。

コンスタンティヌスが、キリスト教への改宗の証しのために、それまで勢力を振るっていたキリスト教以外の宗教にたいし、破壊の厳命を下したことはよく知られている。右の引用は、その事蹟の一部を示している。ここで破壊された神殿は、キリキアのエーゲの町のアスクレピオス神殿であった。

アスクレピオス神殿にあった病気なおしのレリーフ
キリスト教徒によって首がけずりとられてしまった

文中の「高貴な哲学者たち」とは、驚異と不思議の病気なおしにたずさわっていた、神殿治療の祭司団、つまり神殿医師団を指しているとみなして差し支えない。問題は、彼らのおこなう〈サウマ〉の根絶にある。その徹底的解体が目的であった。このようにして、ローマの兵士がかりだされ、神殿は壊され、祭司団は追放されてしまった。エウセビオスは、そのことを証言している。

アスクレピオスは、治癒神の座からひきずりおろされ、詐欺師として告発されねばならなかった。告発には、権力が関係している。それによって、エーゲの町の治癒神は、アスクレピオスからイエスへ交替したのである。

背教者ユリアヌスのアスクレピオス復興

ところで、このエウセビオスの記録では、完全に根絶やしにされてしまったかにみえる、エーゲのアスクレピオス祭司団が、その後も残存して、ひそかに神殿再興を期していたことを示す史料がある。歴史の舞台は急速に一回転し、背教者ユリアヌスが登場する。史料は、その直後に起こった悶着を、伝えているのである。

「ペルシア討伐のため、軍団を移動しつつあったユリアヌスが、キリキアの有名な都市タルソに着いて駐留していたときのこと、ある日、アルテミウスと名のる男が陳情に参上した。彼は、アスクレピオスの祭司であった。というのは、このキリキアの一都市に、エーゲという町があって、そこにアスクレピオスの大きな神殿があったからである。

さて、彼の訴えによるとこうである。かつてキリスト教の司祭たちが、アスクレピオスの神殿から、彼らの教会堂の建設のために、大切な石柱を運び去った。神殿復興のために是非とも、それを取り戻して欲しいと。皇帝ユリアヌスは、これを聴くと即座にこう命じた。石柱は、キリスト教側司祭の支出によって、返還されねばならない。さて、その結果、多大の労力と費用をかけて、教会堂から石柱を取りはずす作業が、ギリシア人の手によって開始された。ところが彼らは、それを会堂の入口の長押（なげし）にたてかけたまま、長い間放置したのである。運搬できなかったというのである。そしてユリアヌスは没した。するとキリスト教徒は、それをさっそく持ち上げて、もとの場所におさめてしまった」(ゾナラス『エピトーム・ヒストリアラム』)。

文中のユリアヌスの没年は三六三年。その死は知られるように、ペルシア討伐中の不慮の出来事であった。記録は、キリスト教の背教者となった、ユリアヌスの異教復興宣言がもたらした、ひと悶着を伝えている。

そもそも、キリスト教徒が運び去ったという、アスクレピオス神殿の柱が、事件の発端であった。アスクレピオスの祭司団は、ここでは、かつての迫害時代のキリスト教徒と、同じ惨めな状態に追いこまれてしまっている。彼らの神殿は、今や見るかげもなく、キリスト教徒の石切場になりかけている。

ユリアヌスの登場が、そうした彼らに、はたしてどれ程の僥幸であり得たか。思いもかけない幸運に、アスクレピオスの祭司たちは、小おどりして快哉を叫んだに相違ない。一方、キリスト教徒は、どれ程ににがにがしい想いを抱いて、それを聞いたか。柱の即刻返還を厳命された司祭の胸中の不満が、記録にはにじみでている。ここにも明白に、権力が介入していた。

治癒神イエスの勝利

これら二つの記録は、かつてヘレニズム世界を席捲した、驚異の治癒神アスクレピオスが、治癒神イエスとの競合に破れて、歴史の舞台からおりようとする、まさにその末路を伝える史料である。勝敗はもはや明白であった。しかし、最後の決着に権力が介入する。かつては治癒神イエスが歩いた道を、今度は逆にアスクレピオスが歩まねばならない。権力は、アスクレピオスを、それが根絶するまでは告発し続ける。

治癒神イエスの登場は、こうした治癒権の行使をめぐる正統と異端との激しい確執を、その背景としてはいないか。こうした宗教史的背景にたいする十分な予備的理解なしに、治癒神イエスの錯綜した論議に入ることは、福音書にしるされた驚異の治癒物語の全体を、曖昧な、恣意的判断にゆだねることになるだろう。

治癒信仰とマリヤ崇拝

キリスト教のその後の歴史は、素朴な仕方で、使徒権とひとつになっていた治癒権が、法衣をまとった教皇や枢機卿たちの操作する権力へ、いかに迅速に収束されていったか。そのプロセスをうつしだしている。すでに使徒行伝にみられるペテロ崇拝には、その最初の萌芽が指摘できるだろう。

一本の杖のほかには、何ひとつ所持することを自己に許さなかったイエスと十二人の使徒たちの集団から、いかにして位階制度が発生し、やがて国家権力と結合した一大権力機構にまで発展していくことになるのか。それを知るには、複雑で長い教会と国家の歴史を

イコン「聖母子」
アテネ　ビザンティン美術館

たどるほかにない。これはたいへん重要なことであるが、もはや本書の範囲をこえている。

ただ結論的に要約すると、こうした権力機構への変質は、皮肉なことに、三一三年のミラノ勅令によるキリスト教公認によって、早くも、その最初の一歩が踏みだされたということである。こうした歴史の動きのなかで、あの驚異と不思議の治癒神イエスは、次第に精巧なドグマのキリスト像に仕上げられ、四世紀をすぎる頃には、癒しの宗教としての原初の姿を急速に失っていくことになる。治癒神イエスの驚異の奇跡は、新しい礼典主義に閉じこめられてしまうのである。

しかし、民衆はどうであったか。民衆はむしろ、このような硬直した礼典主義にあきたらず、こうした中で、教会にたいする果敢な挑戦—治癒権の奪回闘争を、ひそかに、あるいは公然と敢行しつつあったのだ。イコン崇拝（イコンとは、キリストやマリヤの図像をいう。ギリシア語のエイコン＝像に由来する。イコン崇拝は、イコンが奇跡をもたらすという東方教会の信仰に発している）と聖母マリヤ信仰がそれである。それは教会が、権力によってどれほど懸命に禁止しようとしても、ついに抑えきることのできなかった民衆の宗教であった。しかし、こうした宗教の担い手こそが、あの驚異と不思議の治癒神イエスの伝承者となったのである。

ギリシア正教、カトリック教、コプト教（エジプトのキリスト教）、エチオピア正教のいずれを問わず、地中海地域にキリスト教のあるところ、そこにはイコン崇拝とマリヤ崇拝がある。そして、驚異と不思議の癒しの信仰は、このイコンとマリヤ崇拝のなかに、素朴で自由で奔放な、民衆の宗教としての原初の生命を保持しているとおもわれてならない。そこには、カナン神話に登場する太古の豊饒の女神の熱狂的な歓喜と悲嘆が、根強く生きつづけているのである。

カトリック教会の伝える聖マリヤ伝承には、ふたつのマリヤ像が浮き彫りにされている。悲しみのマリヤと祝婚のマリヤである。中世教会教父たちは、こうしたふたつのマリヤ像を、教会というひとつの理念にいかにして定着させるかに、彼らの神学的、護教論的努力を集中した。

このようにして「教会」は、罪の故に死んだ子らを、悲しみの涙によって再生させる母なるマリヤとひとつになり、復活の花婿キリストにかしずく、無垢にして永遠の花嫁マリヤに結晶した。マリヤ伝承は、教会論のなかに、その位置づけを与えられたのである。そこには、新しいマリヤ神学の開始がある。それは確かに新しい神学の開始であったが、民衆はそこに、権力によって葬りさられた美しいカナンの女神の、悲嘆と歓喜の花嫁の似姿をみたのである。

Ⅲ　新約聖書の虚と実

福音書の原型

なぜ人間イエスがキリストになったか

新約聖書には、ひとつの大きな謎がある。それは、ナザレびとイエスが、いかにしてキリストとなったか。人間イエスが、いかにして、救い主・キリストになったか、という謎である。なぜにこのことが謎なのかと言えば、歴史家の眼からすると、イエスはまったくのところユダヤ教の預言者、あるいはしばしば奇跡や病気なおしをおこなうユダヤの教師（ラビ）として、人々の前に姿をあらわし、十字架の上に死んでいったにすぎないからである。

彼は、明らかにひとりの預言者であり、しばしば奇跡をおこなうユダヤの教師でしかなかった。彼が、群衆を前にして語った教えは、当時のユダヤ預言者たちの枠をこえるものではなかった。彼はただ、神の国について、天の父なる神について語ったにすぎない。だから彼が、十字架の上に、どれほど悲惨な最後をとげたとしても、それすら、ひとりの人

新約聖書最古の大型写本　紀元180年
ヨハネ福音書1・14—26が記されている

間の崇高ではあるが、そのゆえにかえって悲劇的な死以外の何ものでもなかった。歴史家の眼は、こうイエスをとらえる。

　はたして、事実がそのとおりだとすると、新約聖書記者たちの、ほとんど必死に近い神の子・キリストの告白と証言は、まったくもって謎につつまれてしまう。

　イエスの使命は、天の父なる神について、来たるべき神の国について、人々に告知するという、ただそのことだけにあったはずだ。それが逆に、イエス自身が、〈告知されるもの〉となった。〈告知するもの〉から〈告知されるもの〉へのこの転倒は、なぜに起こったのであろうか。なぜに原始教団は、イエスの語ったことがらにではなく、〈イエスが語った〉という事実に彼らの関心をこらしたのか。なぜにヨハネやパウロは、イエスの語った告知の内容を大胆に無視してまで、イエスの告知の事実だけに、全関心を集中したのか。

　これこそ新約聖書が、その背後に秘めているまことに不思議な謎ではないか。この不可解な謎にとりくむことから、福音書の世界に分け入ることにしよう。

祭りのキリスト

福音書を読みすすんで、誰でも感ずる素朴な疑問は、イエスの生涯をひとつの物語にまとめたり、編集したりした人たちが、ありのままのイエスの復原に、はたして、どれ程の関心をいだいていたかということである。彼らは、イエスの語った言葉、イエスのたどった足跡を、どこまで正確に追跡し、再現しようとしたか。端的に言って、それがすこぶる疑問なのである。というのは、福音書記者たちは、イエスその人の個人的魅力や、ありのままの生涯の復原には、さしたる興味を示してはいないからである。

福音書にうつしだされたイエスの生涯は、けっして完結的な物語でもなければ、ナザレのイエスの復原を意図する、福音書記者の歴史的関心によって、描きだされたものでもない。福音書の原型は、イエスの言葉に、決断をもってこたえた最初の信仰共同体の、キリスト告白を中心に結集された。

われわれは、その原初の様式を、共同体の〈祭り〉にみることができる。共同体は、キリストの〈祭り〉を中心に結集し、〈祭り〉において、キリストの生涯を彷彿と想起した。福音書は、〈祭り〉において朗誦される祭文だったのである。

それは、イエスの死と復活に関する圧縮された要約的定式からなっていた。マルコ福音書に織り込まれた、簡潔なイエスの言葉は、その原型を示している。
「人の子は必ず多くの苦しみを受け、長老、祭司長、律法学者たちから排斥されて殺され、三日の後に復活する」（マルコ八・三一。九・三一、一〇・三三―三四に同様の記述がある）。

このマルコの伝えるイエスの言葉は、使徒言行録にみられる二、三の説教体の伝承と内容的に一致する。次の引用は、ペテロの説教の一節である。

「イスラエルの人たち、これから話すことを聞いてください。ナザレの人イエスこそ、神から遣わされた方です。神は、イエスを通してあなたがたの間で行われた奇跡と、不思議な業と、しるしとによって、そのことをあなたがたに証明なさいました。あなたがた自身が既に知っているとおりです。このイエスを神は、お定めになった計画により、あらかじめご存じのうえで、あなたがたに引き渡されたのですが、あなたがたは律法を知らない者たちの手を借りて、十字架につけて殺してしまったのです。しかし、神はこのイエスを死の苦しみから解放して、復活させられました」（使徒二・二二―二四）。

おそらく〈祭り〉は、説教者が語るイエスの受難と死、そして復活の証言によって頂点に達し、会衆の心に以前にもまさる追憶と、新たな決意を高めていったに相違ない。

福音書は、こうした証言を母胎とし、これに人々の記憶するイエスの言葉の断片が、一定の手法によって挿入添加され、マタイはマタイ、ルカはルカと、それぞれ独自の内容をそなえた福音書へ拡大されていった。新しい素材の添加には、もちろん教団自身の、きびしい取捨選択のふるいがあった。その結果として、内容の拡大があったにもかかわらず、全体の中心はけっして動くことがなかった。そこでは一貫してイエスの〈受難物語〉と〈復活物語〉が軸となっていたのである。「福音書は、拡大された序論をもつ受難物語である」（M・ケーラー）という言葉は、この意味において正しい。

最後の晩餐とペサハの祭り

共同体のキリストの〈祭り〉は、この二つの物語群と正確に対応していた。マルコの記録するイエスの〈最後の晩餐〉は、そのまま共同体の〈主の聖餐〉の儀式の模様を伝えている。それは、死と再生（復活）の祭りであった。

「一同が食事をしているとき、イエスはパンを取り、賛美の祈りを唱えて、それを裂き、弟子たちに与えて言われた。『取りなさい。これはわたしの体である。』また、杯を取り、感謝の祈りを唱えて、彼らにお渡しになった。彼らは皆その杯から飲んだ。そして、イエスは言われた。『これは、多くの人のために流されるわたしの血、契約の血である』」（マルコ一四・二二―二四）。

物語では、これが地上におけるイエスの最後の食事ということになっている。筋立てから言えば、当然、別離の杯(さかずき)である。ところが不思議なことに、この別離の動機に、神との契約の動機が、添加されている。というよりも、すでにイエスの食事全体が、神との契約のための祭儀行為なのである。それは、血の儀式からなっていた。

われわれはここで、先に述べたイスラエルの「過越祭(ペサハ)」との、あまりの酷似に驚かないわけにはいかない。イスラエルの遊牧時代のペサハの記憶が、イエスの最後の晩餐に、突如として生き生きと、再現されているからである。相違点は、ただ一点だけである。イスラエルのペサハの祭りの動物供犠では、ほふられるのは初子(ういご)の小羊であったが、主の晩餐では、まさにイエス自身だということだけである。

われわれはすでに、遊牧民のペサハの祭りが、いかにして、壮大な〈出エジプト物語〉と結合し、祭儀ドラマに結晶したかをみた。ここではペサハの祭りが、いかなる仕方で〈イエスの受難〉と結合し、〈主の聖餐〉の祭儀に定着したかをみてみよう。

死から復活への食事

イエスは、自らを〈過越〉の犠牲、〈過越〉の小羊として示すことによって、イスラエルの過去における、すべての〈過越〉の小羊を、完成したのである(J・エレミアス『イエスの聖餐のことば』日本基督教団出版局　一九七四年)。

原始教会は、〈主の聖餐〉の場において、使徒の朗誦するイエスの別離の言葉に耳を傾け、十字架のイエスに、ほふりの小羊そのものをみた。イエスから流れでる〈血〉は、すべてのわざわいから人々を隔離する。〈血〉は契約のしるしなのだ。キリスト共同体は、

サセッタ《最後の晩餐》 イタリア シエナ絵画館

キリストの〈血〉による、キリストの〈からだ〉の共同体であった。この〈からだ〉が、〈復活のからだ〉であることによって、キリスト共同体は、古いイスラエル共同体から訣別する。

ルカ福音書は、マルコ福音書よりも明瞭に、最後の晩餐が、夜を徹した復活の主の再臨待望の食事であったこと、否、復活のキリストとの歓喜の食事であったことを伝えている。

「時刻になったので、イエスは食事の席に着かれたが、使徒たちも一緒だった。イエスは言われた。『苦しみを受ける前に、あなたがたと共にこの過越の食事をしたいと、わたしは切に願っていた。言っておくが、神の国で過越が成し遂げられるまで、わたしは決してこの過越の食事をとることはない。』そして、イエスは杯を取り上げ、感謝の祈りを唱えてから言われた。

イスラエルの民の〈過越〉の食事

『これを取り、互いに回して飲みなさい。言っておくが、神の国が来るまで、わたしは今後ぶどうの実から作ったものを飲むことは決してあるまい』」（ルカ二二・一四―一八）。

ルカによると、イエスは、最後の晩餐を〈過越〉の食事とよんでいる。しかしイエスはこの〈食事〉が、イエスの地上における最後の〈食事〉となるべきことを預言しているのだ。「神の国で過越が成し遂げられる」まで、「神の国が来る」まで、再び食べないとイエスはいう。とすると、原始教団の執行する主の聖餐の祝祭は、神の国がすでに到来した、その結果再開された食事、要するに新しい食事ということになる。

パルミュラの寝棺にある「饗宴」のレリーフ　シリア　紀元１世紀ごろ

それは、もはやイスラエル的〈過越〉の食事ではない。復活の歓喜（ユーベル）の食事である。ルカ福音書は、弟子たちが、復活の日、エマオの村で経験した不思議な出来事について語っている（ルカ二四）。

それは、まさに復活のイエスとの食事である。別離の悲しみは、一瞬にして、歓喜に変わった。ルカはいう、「彼らはイエスを伏し拝んだ後、大喜びでエルサレムに帰った（ルカ二四・五二）。

この歓喜は、〈復活〉の主との食事の歓喜にほかならない。この記憶が、最後の食事と二重写しになっている。ここでは、悲しみと歓喜がひとつになっている。しかし正確には、悲しみから歓喜へ、死から復活への食事であった。弟子たちは、ヘレニズムの伝統的な〈祭儀〉にしたがい、イエスを〈祭り〉の〈主〉として理解した。イエスは今や〈祭り〉の真っ只中に、栄光の主、勝利の主、復活の主として顕現し、〈聖霊〉として息づいている。救いの歴史は、すでにはじまっていた。

「食べて祝おう。この息子は、死んでいたのに生き返り、いなくなっていたのに見つかったからだ」（ルカ一五・二三―二四。五―三二にも同様の記述がある）。

われわれは、すでに古代オリエント遊牧民の過越祭が、冬季幕営地から夏季幕営地への、出発前夜祭であったことを知っている。過越祭の根本動機に「～から～へ」の移行の契機が含まれていた。それがまさに、旧約聖書におけるエジプトからの、脱出ドラマを生みだした。ルカ福音書の場合、それは死から生への移行の図式に再現されている。死のからだから復活のからだへ、ここに〈主の聖餐〉におけるキリストの祭りの意義がある。

ところで、こうした〈復活〉祭儀の動機が、すでに第二部で述べたカナンの神々の死と再生の祭りに、どれほど深く連結しているか。そのことについては、もはや多言を要しないであろう。宗教史的にみると、初期キリスト教史は、カナンの再生の神々が、復活の花婿キリスト像に集合し、受難と復活の祭りをとおして、福音書に結晶化していく歴史であった。

マルコ福音書の特殊性

福音書の冒頭は、ナザレびとイエスが神の子であることを立証する、神話的叙述によってはじめられている。マタイもルカも、ヨハネもみな同様である。マタイ福音書の場合、それはアブラハムからダビデ、ソロモンをへて、マリヤの夫ヨセフにいたる、実に四十二代の連綿たる正統ユダヤの系図によって準備され、一挙に、神の子イエスの驚異と不思議の誕生物語にむかって展開している。

ルカ福音書の場合、神の子イエスの降誕は、系図こそ欠けてはいるが、はるかに高度の神話的衣裳によって彩色されている。そこには天使の御告げがあり、ザカリヤの預言があり、天の軍勢の合唱する讃歌がある。その全体が、すでに、神の驚異の物語として示されている。イエスは神の子であり、イエスの誕生は、天上の神の子の降誕なのであった。

ヨハネ福音書の場合、その冒頭の一節は、次に引用するあまりにも有名な、光の子の神話論的表象によってはじめられる。

「初めに言（ことば）があった。言は神と共にあった。言は神であった。この言は、初めに神と共にあった。万物は言によって成った。成ったもので、言によらずに成ったものは何一つなかった。言の内に命（いのち）があった。命は人間を照らす光であった。光は暗闇の中で輝いている。暗闇は光を理解しなかった」（ヨハネ一・一―五）。

この短い数節に、すべてが語りつくされている。それは光の子、キリスト・イエスの勝利の物語なのである。

《四人の福音書家》
ヴァティカン教皇庁図書館

マルコ福音書の場合はどうか。不思議なことに、マルコは違う。それもひどく違うのである。マタイ冒頭のあの連綿たる系図は論外としても、そもそも神の子誕生物語が、マルコにはない。そして、それと軌を一にするかのように、すべての福音書記者たちが、異口同音に証言する福音書の重要なエピローグ、あの復活のイエスの不思議な顕現物語が、マルコには欠けている。マルコにあるのは、「空虚な墓」のエピソードだけである（マルコ一六・九以下の顕現物語は、後代の補足であることが定説化している）。

マルコの場合、イエスは、ヨルダン川の荒野に叫ぶ預言者ヨハネをとりまく群衆の中から、突如、素顔をあらわにする。そこには系図もなければ、誕生物語もなく、天使の合唱もなければ、神話もない。イエスの顔は単彩の木彫の版画のように、群衆の顔にまじって、ぼんやり見えているだけである。要するに、神話的彩色は、極端に後退している。そして、その分だけ、マルコの描いたイエスは、ありのままのイエスに近い。少なくとも、そうみえる。

イエスの生涯、その虚構性

こうしたマルコ福音書の特徴に加えて、そもそもマルコ資料が、福音書の中で、最古の伝承資料であるという事実のゆえに、ナザレのイエスの生涯は、もっぱらマルコ福音書を基礎にして記述されてきた。一九世紀に隆盛をみるいわゆる「イエス伝」神学が、それである。それは、マルコの次のような枠組に沿って、描かれていた。

イエスの活動は、バプテスマのヨハネが捕えられたのち、ガリラヤを中心に開始された。イエスはいう、「時は満ち、神の国は近づいた。悔い改めて福音を信じなさい」。

イエスは、民衆にむかって、この世の終わりの間近な到来を訴え、罪の悔い改めを迫ったのである。しかし民衆はイエスの言葉を理解しない。むしろ民衆はイエスの奇跡に喝采し、もっぱら、驚異と不思議だけを期待した。イエスは失望し、ガリラヤを離れ、カナンの異邦人地域にむかう。この間、イエスの奇跡の評判は、ますます民衆のあいだにひろまるが、しかしイエスがメシヤ＝キリストであることは、固く秘められたままである。イエスは時の到来を待っていた。だからペテロが、「あなたこそは救い主キリストです」と告白したとき、イエスはむしろ、そのことが、人にもれることを懸念して、きびしく弟子たちをいましめた。

一方、危険は刻々近づいていた。イエスはエルサレム入りを目前に、死を予感し、はじめて弟子たちに、自分がメシヤであることを、そして人々に捨てられ殺されて、三日後によみがえることを告白する。しかし弟子たちには通じない。イエスは、ユダヤの律法にたいする違反と冒瀆の罪のゆえに、律法学者、祭司長など、ユダヤの権力者の反感をかい、弟子のひとりユダの裏切りによって、ローマ官憲の手におちる。イエスは、人々の前で、はじめて公然とメシヤ宣言をする。ユダヤ最高法院は、十字架の極刑を宣告し、イエスは絶望的な叫びを残してゴルゴタの丘で息たえた。

翌々日、週の初めの日（日曜日）、女たちがイエスの死体に香油を塗るために墓に近づいたとき、墓はすでに空であった……。

マルコの記録するイエスの生涯は、純粋に史実であるという確信から出発した「イエス伝」神学が、完膚なきまでに打ち破られてしまったのは、二〇世紀初頭、はなばなしくデビューしたドイツ宗教史学派の特筆すべき功績に属している。とりわけブレスラウ大学のW・ヴレーデ（一八五九—一九〇六）とゲッティンゲン大学のJ・ヴェルハウゼン（一八四四—一九一八）の果たしたみごとな役割は、とくべつに記憶されねばならない。

イエスのメシヤ性をめぐる見解

ヴレーデは、一九〇一年『福音書におけるメシヤの秘密』を世に出し、マルコ福音書における、イエスのメシヤ自覚の詳細な検討を試みた。意外にも結果は、きわめて否定的結論に終わった。というのは、「メシヤに関するイエスの言葉は、正確な歴史的伝承ではなく、マルコ記者の神学的創作にすぎない」ことが、明らかになったからである。はじめ教団は、地上のイエスの生涯に、メシヤ性を認めることをしなかった。それはもっぱら、復活と再臨に限られていたのである。ところが、やがて、イエスのメシヤ性をイエスの地上的生涯のすべてにわたって、認めるべきだとする見解が、教団内部に支配的となる。こうしたふたつの見解を、いかに整合的に調停するか。ここにマルコ記者の福音書執筆の動機があった、とヴレーデはいう。結果はどうであったか。

ヴレーデは、マルコの大胆な着想をみた。「イエスは、そもそもメシヤであった。しかしイエスは、そのことが民衆の間に、公然化することをのぞまなかった。少なくとも、〈ある時期〉がくるまでは……」。要するにヴレーデは、マルコのなかに、メシヤであることを隠そうとする着想、メシヤの秘密の動機があることをみたのである。こうした発想によって、マルコはふたつに分裂したメシヤ理解を、ひとつに統合することに成功した。それがマルコ福音書である。こうヴレーデは結論する。

この見解は、おどろく程、重大な提言を含んでいた。というのは、結果的にマルコ資料の非史実性が、暴露されることになったからである。マルコ福音書はたしかに、イエスの言葉の最古の伝承を引き継いではいる。しかし、そのまま引き継いだのではなく、マルコ自身の解釈によって、受けとりなおして、引き継いだ。ヴレーデはマルコ資料の歴史的信憑性に、重大な疑問を投げかけたことになる。

つくられたイエス像

ヴレーデについで、この問題の強力な推進者となったヴェルハウゼンは、一九〇五年から一一年にかけて発表した『マタイ・マルコ・ルカ注解』および『三福音書緒論』において、ヴレーデの到達した結論を、さらに綿密な分析によって再確認したばかりでなく、史的イエスの復原というテーマに、終止符をうってしまった。彼は、こういう。

「最古の伝承は、そのほとんどすべてが、イエスの言葉の断片からなりたっていた。それは、文字通りバラバラの断片的な言葉の集録にすぎず、それ自体では、けっして、まとまりをもった物語を、かたちづくるものではなかった。しかしやがて、これらの断片が集成され、イエスの生涯の物語として、まとめられることになったとき、はじめは、つながりを持たなかった伝承群の間に、いく本かの糸が通され、それぞれ完結した物語が生みだされていった。

たしかに、マルコ伝承は、イエスの語録集（イエスの言葉の集録、ロギアとよばれている）よりも古く、しかもよりたしかな伝承にもとづいてはいる。しかし、結局のところ、福音書の伝えるイエス伝は、このようにして編集された、いわば虚構なのであるから、史的イエスの史料としては、第二史料たらざるをえない。ロギアについても、事情は同様である。当時、口承文学が、次々に新しいイエスの言葉を創作しつつあった段階において、その集成であるロギアが、多分に虚構的傾向を有していることは、どうにも否定のしようがない。結局これも、第二史料的である……」。

ヴレーデもヴェルハウゼンも、福音書伝承の断片は、それが生みだされた歴史的状況を究明するための、第一史料ではあるが、それが報告しているイエスの生涯の歴史的記録としては、第二史料たるにとどまる、とみたのである。

「イエスの残した精神は、たしかに、エルサレム教団の伝承の中に息づいている。けれども、われわれは、教団の中に支配したイエス像から、ただちにイエス自身の歴史的姿を、ひきだすことは許されない」（ヴェルハウゼン）。

要するに、福音書をとおして知ることができるのは、史的イエスの実像ではなく、原始教団のつくりだした虚像だということになる。

イエスの言葉の運命

ヴェルハウゼンのあとを受けて、さらに問題を一層組織的に解明したのは、当時二十八歳のカール・ルートヴィヒ・シュミット（一八九一―一九五六）であった。彼は、一九一九年、『イエス伝の枠』を世におくり、マルコ福音書における伝承素材と編集加筆との間の、詳細な分析を試みた。結果はまったく予期したとおりであった。

マルコ福音書を構成する伝承群は、イエスの受難物語という、ただひとつの例外をのぞいては、個々の独立した断片からなっていた。こうしたバラバラの断片が、まとまりをもったストーリーへ再構成されたのは、場所とか時間といった、いわばグラフのタテとヨコ軸が、後に添加されたからである。ここに、明らかな編集操作の痕跡がある、というのである。

シュミットによると、マルコ福音書の場合、この編集操作は、なお比較的素朴な段階にとどまっている。これにくらべると、マタイやルカのそれは、かなり高度な段階をふんでいて、その創作性は、ことのほか、いちじるしいものがあるという。しかし、いずれにせよ、福音書記者たちは、ひとつの共通した創作法にしたがっていた。彼らは、限られた量の伝承に、大幅なヴァリエーションをもたせるために、ひとつの事件から次の事件へ、たえず新しく場面をセットする。そうした方法にしたがって、福音書は作成されたのである。

たとえば、イエスの語ったひとつの言葉を、背景の違うさまざまな場面にセットする。ただそれだけで、実に多様な変化が生みだされてくる。家の中、道端、山の上、海辺、舟の上、食事の席、ユダヤ会堂（シナゴグ）……。こうした場面を、記者たちは好んで用いた。

こうして、ひとつの場面が用意されると、次は、登場人物が問題となる。ここにもまた、記者たちの好む類型が見いだされる。まず、弟子たちに続いて群衆、ファリサイ人、律法学者、祭司長、長老など、とくにイエスの敵対者には一定の顕著な型がある。シュミットの分析は、まるで鋭利な刃物のようである。これによって、伝承素材とその編集作業における改変の問題が、具体的に解明されただけでなく、福音書記者の使用した創作法の手のうちまでが、見事に究明されたのである。

ところで、すでに述べたように、福音書研究の背後には、ナザレのイエスの実像を、歴史にそって、正確に復原しようとする意図が、ひそかに横たえられていた。しかし問いの結果は、ことごとく否定的なものでしかなかった。ヴレーデの場合も、ヴェルハウゼンの場合も同様であった。シュミットにおいては、もはや最初の問い、すなわちイエスの実像を歴史にそって復原することは、完全に放棄されてしまっていた。なぜなら伝承素材を分析して、ようやく手にした第一資料が、ナザレのイエスの実像どころか、原始教団のキリスト像創作の手法を示すにすぎなかったからである。

こうしたシュミットの結論を、さらに極限にむかって追いつめた、もうひとりの若い学者がいた。ルドルフ・ブルトマン（一八八四―一九七六）である。彼の画期的著作『共観伝承の歴史』（一九二一年）は、一九世紀以来すすめられてきた福音書資料の、徹底した歴史的研究の総決算であった。

伝承と創作との間

口承文学の方法

福音書に限らず、一般に口承文学に関して、ある物語が、口から口へ伝承されていく過程において、もっとも変化をうけやすい部分は、物語の様式や全体の構造ではなく、むしろ細部の附随的部分である。それは、人間の好奇心と結合したイマジネーションの結果であるが、好奇心というものは、つねに物語の核心よりも、その細部の明細化にむかって働く傾向をもつからである。

この法則は、福音書の場合にも、ほとんどそのままあてはまる。たとえばひとつの伝承は、後期のものになればなる程、古い伝承では曖昧な部分――人名とか地名が明細化されている。イエスと共に、十字架につけられた強盗は、誰であったか。イエスの墓を見張っていた看守長は誰だったか。こうした疑問は、最初の伝承では、ほとんど関心のなかに入ってこない。伝承が後期のものになればなる程、むしろ、こうした細部の明細化への傾向が顕著になる。

こうした例は、福音書相互の異同比較によって容易にとりだすことができる（詳しくは、塚本虎二『福音書異同一覧』伊藤節書房　一九五四年）。ここでは、よく知られた二、三の場面やイエスの言葉を例に、それを指摘してみよう。

〈ユダの裏切りの場面〉（マタイ二六・四七―五〇、マルコ一四・一八、ルカ二二・四八）は、有名であるから、御存知の方も多いとおもうが、細部となると、伝承によって、かなりの相違がある。もっとも古いとみなされるマルコ福音書では、ユダは、「やって来るとすぐに、イエスに近寄り、『先生』と言って接吻した」としか記録されていない。ユダにたいして、イエスはまったく無言であった。

ジョット《ユダの接吻》
パドヴァ　スクロヴェーニ礼拝堂

ヴェロネーゼ《十字架上のキリスト》
ルーブル美術館

ところが、マタイとルカには、細かな描写がある。マタイ福音書は、「友よ、しようとしていることをするがよい」とイエスに語らせ、ルカ福音書は「ユダ、あなたは接吻で人の子を裏切るのか」という、激しい言葉をイエスの口においている。明らかに明細化の跡がある。

〈十字架上のイエスの絶叫〉（マタイ二七・四六、マルコ一五・三四、ルカ二三・四六）も同様に、よく知られた場面である。マルコ福音書は、昼の一二時に、全地は暗くなり、そして三時になったとき、イエスは大声で、「エロイ、エロイ、レマ、サバクタニ」と絶叫して息たえたとしている。マルコの注解によると、それは「わが神、わが神、なぜわたしをお見捨てになったのですか」の意味だという。マタイの記述は一字一句ほぼ完全に、マルコの描写と一致する。

問題は、ルカ福音書である。ルカには、「エロイ、エロイ……」の、この最後の叫びがないだけでなく、まったく違った言葉「父よ、わたしの霊を御手にゆだねます」が、イエスの口におかれている。これは、詩篇の一節である。イエスの最後の叫びは、詩篇の言葉であったというのである。ここにも明細化の痕跡がある。

〈十字架上のふたりの強盗とイエス〉（マルコ一五・三二、ルカ二三・三九―四三）は、同じくイエスの十字架に関連した挿話である。マルコ福音書は、イエスと共に、十字架につけられたふたりの強盗について、彼らがイエスをののしったとしかしるしていないが、ルカ福音書では、ふたりの中のひとりだけがののしったのであり、他のひとりは、むしろそれをたしなめた上に、イエスが救い主キリストであることを告白したので、イエスから祝福の言葉を、受けたとなっている。

そのイエスの言葉が、次の有名な言葉「はっきり言っておくが、あなたは今日わたしと一緒に楽園にいる」である。ここでは、明細化への動機が、新たにイエスの言葉を生みだした、といえるだろう。

以上の例は、いずれも物語の伝承過程を支配する、ひとつのきわめて単純な法則――人間の好奇心は、出来事の単純な報告よりも、つねに細部の明細化を志向する――の実例を示すにすぎない。こうした例はまだまだあるが、ここではこれで十分であろう。

われわれは次に、もう一段階、手のこんだ明細化の手法に注目したい。伝承過程に、教団神学の意図が、大幅に入りこんでくるのは、この段階からなのだ。そのもっとも顕著な例として、ここでは〈山上の垂訓〉と〈論争物語〉をとりだしてみよう。

〈山上の垂訓〉の場合

いわゆる〈山上の垂訓〉（マタイ五―七、ルカ六・二〇―四九）とよばれるイエスの説教について、おそらく知らない方は、まずあるまい。とりわけマタイの記録する美しい冒頭の一節は、ことのほか有名である。福音書文学の珠玉といってよいだろう。

「イエスはこの群衆を見て、山に登られた。腰を下ろされると、弟子たちが近くに寄って来た。[…]

心の貧しい人々は、幸いである、天の国はその人たちのものである。
悲しむ人々は、幸いである、その人たちは慰められる。
柔和な人々は、幸いである、その人たちは地を受け継ぐ。
義に飢え渇く人々は、幸いである、その人たちは満たされる」（マタイ五・一―六）。

幸福の教えは、全部で八つある。そのために「八福の教え」ともよばれる。ひとつひとつリズムをもった美しい言葉からなっている。しかし、この八福の教えだけで終わりなのではない。これは、ほんの冒頭をかざる一節にすぎない。全体は、三章にわたって続く、一大説教集なのである。

「あなたがたも聞いているとおり、『姦淫するな』と命じられている。しかし、わたしは言っておく。みだらな思いで他人の妻を見る者はだれでも、既に心の中でその女を犯したのである」（マタイ五・二七—二八）。

「あなたがたも聞いているとおり、『目には目を、歯には歯を』と命じられている。しかし、わたしは言っておく。悪人に手向かってはならない。だれかがあなたの右の頬を打つなら、左の頬をも向けなさい」（マタイ五・三八—三九）。

「あなたがたも聞いているとおり、『隣人を愛し、敵を憎め』と命じられている。しかし、わたしは言っておく。敵を愛し、自分を迫害する者のために祈りなさい」（マタイ五・四三—四四）。

「あなたがたは地上に富を積んではならない。そこでは、虫が食ったり、さび付いたりするし、また、盗人が忍び込んで盗み出したりする」（マタイ六・一九）。

「自分の命のことで何を食べようか何を飲もうかと、また自分の体のことで何を着ようかと思い悩むな。命は食べ物よりも大切であり、体は衣服よりも大切ではないか。空の鳥をよく見なさい。種を蒔かず、刈り入れもせず、倉に納めもしない。だが、あなたがたの天の父は鳥を養ってくださる」（マタイ六・二五—二六）。

「求めなさい。そうすれば、与えられる。探しなさい。そうすれば、見つかる。門をたたきなさい。そうすれば、開かれる」（マタイ七・七）。

情景描写の手法

マタイも、ルカも、こうした一大説教を、情景描写からはじめている。マタイによると、イエスのまわりは、イエスの驚異の病気なおしの評判をききつけて、遠方からやってきたおびただしい群衆であふれていたという。しかし、物語を仔細にみると、イエスは、この群衆にむかって、直接語りかけたのではない。

正確には、「イエスはこの群衆を見て、山に登られた。腰を下ろされると、弟子たちが近くに寄って来た。そこで、イエスは口を開き……」となっている。マタイは、用心深く、聴衆を二段構えにセットした。

これにはわけがある。一方、ルカの場合、情景描写はマタイのそれと逆になっている。ルカではマタイと違って、イエスは、はじめ山上で祈っておられ、それから山を下って平地に立たれ、そこで大群衆にとりかこまれた、という筋立てになっているからである。要するに、ルカ福音書による限り、これを山上の垂訓と呼ぶことはできない。

こうした情景描写の相違は、多分に、説教内容にまで影響を及ぼしている。たとえばルカの場合、聴衆は大群衆ということになっている。ところが、イエスの言葉を吟味してみて、大群衆という、不特定多数のものに語られた教えにしては、内容があまりにも特殊にすぎるという事実がうかんでくる。たとえば、〈八福の教え〉や、〈地上の宝〉に関する教えであれば問題はない。

これらの言葉には、社会の、いかなる階層のものにたいしても、ストレートに通じる普遍妥当性がある。しかし、たとえば「人々に憎まれるとき、また、人の子のために追い出され、ののしられ、汚名を着せられるとき、あなたがたは幸いである」(ルカ六・二二)とか、「わたしを『主よ、主よ』と呼びながら、なぜわたしの言うことを行わないのか」(ルカ六・四六)といった言葉の場合、不特定の群衆にむかって語られた言葉とはみなされがたい。群衆にではなくイエスの特定の弟子に、ふさわしい内容だからである。

このことはとくに、先に引用した「モーセの十戒」の新解釈、「姦淫するな」、「目には目を」などに妥当する。それらは明白に、新しい共同体にふさわしい新しい倫理を伝えている。けっして群衆にふさわしい教えではない。おそらくマタイは、こうした矛盾を回避するために、聴衆を二段に分けてセットしたのであろう。マタイの舞台装置では、イエスの一大説教は、群衆むけと弟子むけの二本立てにふるいわけられる仕組みになっている。明らかに、マタイの工夫がはたらいている。かなり手のこんだ明細化だといってよい。

新しい生活綱領

それでは、事実はどうであったか。イエスの一大説教は、実はさまざまな折に語られたイエスの言葉をもとにして、教団自身が再構成したものなのだ。言葉と言葉のあいだの論理的構築が弱いのは、それらがもともとバラバラな言葉であった結果にすぎない。われわれの眼前には、原始キリスト教という名の〈弟子たち〉、最初のキリスト教徒の小さな群れが、彷彿(ほうふつ)と浮かびあがってくる。

彼らは、周囲の敵意にみちた世界の中で、たえず彼らを攻撃し、結束の分断をはかるユダヤのパリサイびと、律法主義者、それに憎むべきにせ預言者の煽動から群れを守り、敵対者との論議に打ち負かされないための、明確な原理を手にする必要に迫られていた。

こうした共同体の切迫した必要性に応じて、イエスの言葉は結集され、形をととのえて提示された。それが、〈山上の垂訓〉である。〈山上の垂訓〉は、教団生活の、いわば生活綱領であり、新しいプログラムであったのだ。イエスの言葉は、こうした視点から再生されている。

〈論争物語〉の場合

同様のことは、〈論争物語〉において、一層明瞭に追跡することができる。明細化への動機と教団神学の動機とが、これほど巧妙に結合している例はほかにない。たとえば、ルカ福音書の「口を利けなくする悪霊のいやし」にまつわる論争物語は、その好例である。「イエスは悪霊を追い出しておられたが、それは口を利けなくする悪霊であった。悪霊が出て行くと、口の利けない人がものを言い始めたので、群衆は驚嘆した。しかし、中には、

『あの男は悪霊の頭ベルゼブルの力で悪霊を追い出している』と言う者や、イエスを試そうとして、天からのしるしを求める者がいた……（後略）」（ルカ一一・一四―一六）。

これと同じ話がマタイ福音書にもある。両者の比較のために引用しよう。

「二人が出て行くと、悪霊に取りつかれて口の利けない人が、イエスのところに連れられて来た。悪霊が追い出されると、口の利けない人がものを言い始めたので、群衆は驚嘆し、『こんなことは、今までイスラエルで起こったためしがない』と言った。しかし、ファリサイ派の人々は、『あの男は悪霊の頭の力で悪霊を追い出している』と言った」（マタイ九・三二―三四）。

この二つの記事を読みくらべて、われわれは容易に、どの部分に明細化への動機が、顕著にあらわれているかを知ることができる。それは一箇所しかない。登場人物である。しかし実は、ここから先が問題なのだ。というのは、この人物は、単なる脇役ではなく、見方によっては、イエスを追いつめる敵対者の尖兵とも目され得るからである。それは単なる明細化以上に、政策の問題である。マタイ記者個人の自由裁量ではすまされない。教団全体の重要な政策決定にかかわる問題である。

おそらく、このようにしてマタイは、ファリサイびとを槍玉にあげた。教団にとってファリサイびとこそ、当面の敵だったのである。結果的に、ファリサイびとはイエスの敵という図式が、生みだされたことになる。この図式が成立するのは、伝承の歴史の上では、かなり後期に属する。なぜなら古い伝承には、こうした図式の使用はみあたらないからである。

マルコの描写とマタイの描写

こうした図式がひとたび完成すると、今度は、伝承本来の意図の大幅な改変をあえてしてまでも、図式どおりに、話題を仕立てあげようとする強い傾向が生みだされてくる。たとえば、マルコ一二章二八―三四節の、ひとりの真摯な律法学者の話が好例である。少し長いが引用する。

彼らの議論を聞いていた一人の律法学者が進み出、イエスが立派にお答えになったのを見て、尋ねた。「あらゆる掟のうちで、どれが第一でしょうか。」イエスはお答えになった。「第一の掟は、これである。『イスラエルよ、聞け、わたしたちの神である主は、唯一の主である。心を尽くし、精神を尽くし、思いを尽くし、力を尽くして、あなたの神である主を愛しなさい。』第二の掟は、これである。『隣人を自分のように愛しなさい。』この二つにまさる掟はほかにない。」律法学者はイエスに言った。「先生、おっしゃるとおりです。『神は唯一である。ほかに神はない』とおっしゃったのは、本当です。そして、『心を尽くし、知恵を尽くし、力を尽くして神を愛し、また隣人を自分のように愛する』ということは、どんな焼き尽くす献げ物やいけにえよりも優れています。」イエスは律法学者が適切な答えをしたのを見て、「あなたは、神の国から遠くない」と言われた。もはや、あえて質問する者はなかった。

ここに登場する律法学者は、その真面目な質問と的確な理解のゆえに、イエスに賞められているのだ。それも、けっしておざなりにではない。イエスの賞め言葉は、大層なものだ。ところが、マタイ二二章三四―四〇節になると、同じ物語でも、様相は一変する。

マタイは、図式どおりに、律法学者を敵対者に仕立てあげなければならない。いったい、この律法学者とは何者であったか。ここにマタイにたくした教団の、明細化への要求があった。マタイは、マルコの書き出しの部分を、こう変える。

「ファリサイ派の人々は、イエスがサドカイ派の人々を言い込められたと聞いて、一緒に集まった。そのうちの一人、律法の専門家が、イエスを試そうとして尋ねた。『先生、律法の中で、どの掟が最も重要でしょうか。』……(以下略)」

イエスに賞められたひとりの真面目な律法学者は、実は、イエスをおとしいれるための共同謀議の煽動分子であり、彼の質問はわなだった、ということに話は変えられてしまった。これがマタイの解釈である。もちろん、イエスの賞め言葉は、きれいに消去されている。先の例では、イエスの言葉はつくりだされた。この例では、逆に消されている。図式の使用が、伝承本来の意図を大幅に改変した例といってよい。このような例は、ほかにもたくさんある。

このように論争物語が、われわれに生き生きとうつしだしてみせるのは、何よりも戦う教団自身の姿ではないか。彼らを攻撃するユダヤの権力者との論争に、さしせまって理論武装することを、余儀なくされていた弱小集団の姿である。正統ユダヤ教のファリサイ派や律法学者の鋭い攻撃は、キリスト教徒にとってどれ程大きな脅威であったか。そうした脅威から、いかにして教団を守りきることができるか。

論争物語は教団が仮想する最強の敵と戦うための論議の手引きであり、論争のすすめであった。それは明白に、戦う原始教団が彼ら自身の必要によって、生みだした伝承なのである。

イエスからキリストへ

イエスの言葉――最古の伝承から

われわれは、イエスの言葉をめぐる伝承と創作とのあいだの、微妙な接点を追究してきた。結果はどうであったか。明白なことは、伝承を生みだしたのは、イエスにたいする歴史的関心ではなく、教団自体の生活に根ざした要求であったということである。しかし、それにもかかわらず、第二次資料を除去して、伝承の最古層において出会うイエスの言葉は、聴く者に悔改を求め、決断を促す預言の言葉からなっている。

「あなたがたは、雲が西に出るのを見るとすぐに、『にわか雨になる』と言う。実際そのとおりになる。また、南風が吹いているのを見ると、『暑くなる』と言う。事実そうなる。偽善者よ、このように空や地の模様を見分けることは知っているのに、どうして今の時を見分けることを知らないのか。あなたがたは、何が正しいかを、どうして自分で判断しないのか」（ルカ一二・五四―五七）。

「鋤に手をかけてから後ろを顧みる者は、神の国にふさわしくない」（ルカ九・六二）。

「わたしに従いなさい。死んでいる者たちに、自分たちの死者を葬らせなさい」（マタイ八・二二）。

「狭い門から入りなさい。滅びに通じる門は広く、その道も広々として、そこから入る者が多い。しかし、命に通じる門はなんと狭く、その道も細いことか。それを見いだす者は少ない」（マタイ七・一三―一四）。

「自分の命を救いたいと思う者は、それを失うが、わたしのため、また福音のために命を失う者は、それを救うのである」（マルコ八・三五）。

これらの言葉は、伝承の最古層に属するイエスの言葉であるが、いずれも人々にむかって決断を促す、強い預言の響きをとどめている。しかしそれだけではない。イエスの言葉には、決定的な要求が含まれていた。

預言者イエスからキリストへ

「あなたがたの見ているものを見る目は幸いだ。言っておくが、多くの預言者や王たちは、あなたがたが見ているものを見たかったが、見ることができず、あなたがたが聞いているものを聞きたかったが、聞けなかったのである」（ルカ一〇・二三―二四）。

「神に背いたこの罪深い時代に、わたしとわたしの言葉を恥じる者は、人の子もまた、父の栄光に輝いて聖なる天使たちと共に来るときに、その者を恥じる」（マルコ八・三八）。

「だれでも人々の前で自分をわたしの仲間であると言い表す者は、人の子も神の天使たちの前で、その人を自分の仲間であると言い表す。しかし、人々の前でわたしを知らないと言う者は、神の天使たちの前で知らないと言われる」（ルカ一二・八―九）。

「わたしが神の霊で悪霊を追い出しているのであれば、神の国はあなたたちのところに来ているのだ」（マタイ一二・二八。ルカ一一・二〇に同様の記述がある）。

「目の見えない人は見え、足の不自由な人は歩き、重い皮膚病を患っている人は清くなり、耳の聞こえない人は聞こえ、死者は生き返り、貧しい人は福音を告げ知らされている。わたしにつまずかない人は幸いである」（マタイ一一・五―六。ルカ七・二二に同様の記述がある）。

イエスは、自己を「神からつかわされたもの」、天からやってくる「人の子」（ユダヤの終末論的天—人表象）として語っている。このことが問題なのだ。イエスを受けいれることは、イエスの言葉だけを受けいれるのではなく、イエスが神からつかわされたものとして語っているということ、そのことを事実として、いや単なる事実以上の、歴史を変革する決定的な出来事として、受けいれることを意味していた。この要求の前に立たされ、決断を求められたとき民衆はとまどい、つまずく結果となったのである。現に大きなつまずきであったからこそ、さらにイエスはこう語ったのである。

「わたしにつまずかない人は幸いである」（マタイ一一・六、ルカ七・二三）。

最初の教会は、こうしたイエスの求めにたいして、決断をもってこたえた人々の集合体—信仰共同体として成立した。福音書の原型は、この時、民衆の決断のなかに、キリスト論的信仰告白として、最初の萌芽を見出した。

新約聖書のキリスト論

伝承の最古の層にうつしだされたイエスの言葉は、彼がひとりのすぐれた預言者であったことを、明瞭に表現している。しかしけっして、それだけではなかった。なぜなら、イエスの言葉には、終始一貫メシヤの響きがこめられているからである。彼は、来たるべき〈時〉について語る。〈時〉が満ちて、神の支配が開始されたことについて語る。悪霊は退散し、重い皮膚病を患う人はきよめられ、死人はよみがえったことについて語る。

重要なことは、そのように語る彼自身が、実は神からつかわされた者として語っている、という事実である。この事実の承認こそが、キリスト論成立の核であり、そこにキリスト教誕生の秘密があった。

新約聖書の大きな謎、いかにしてナザレびとイエスが、キリストとなったか。いかにして、〈告知するもの〉から〈告知されるもの〉が生まれたか。なぜに原始教団は、イエスの告知の内容だけでなく、イエス自身を告知したか。その上、なぜにパウロやヨハネは、イエスの告知の内容を敢えて大胆に無視したか。

こうした謎は、イエスの告知の内容にではなく、イエスが現に今、神からつかわされたものとして語っているという事実に、眼をむけるときに、はじめて理解されるものとなる。この謎は、出来事に眼をむけないで、イエスの言葉の内容——倫理的・道徳的・世界観的内容に眼をむけることによって生ずるのである。

〈告知するもの〉が、〈告知されるもの〉とならねばならなかったのは、イエスが神からつかわされたものとして語っているという、その事実が決定的なことだったからである。イエスの人柄や態度がではない。イエスその人が、今現に、ここにおいて語っているという、その事実が、そしてそこにおける決断の要求が、決定的なことだったからである。

信仰告白の書として

さて、以上の分析をとおして、われわれはイエスにたいする福音書記者の関心が、どこにあるかを探ってきた。不思議なことに、彼らはイエスの生涯の出来事を、ありのままの姿において描きだすことに、ほとんど関心を示さなかった。しかもそれは福音書記者だけに限られない。パウロなどは、単にイエスの地上的生涯を知らなかったというだけでなく、知ろうともしなかったのだ。

いったい彼らのほんとうのねらいは、どこにあったか。それは、イエスが〈キリスト〉であること（ヨハネ一一・二七、ヨハネ四・二五）、〈神の子〉であること（ヘブライ四・一四、使徒八・三七他）、栄光の〈主〉であること（IIコリント一二・三）を証しすること以外にはなかった。とすると、新約聖書の全体は、イエスが救い主・キリストであることを証言する信仰告白――キリスト論の一大集成ということになる。

そこには、マルコの奇跡物語にみられる、単純素朴なキリスト論から、マタイにみられるユダヤ的メシヤ待望と結合した終末論的キリスト論、さらにパウロの展開する贖罪論的キリスト論、ヨハネにおける光の子キリスト論など、まことに多様な変化がある。「まったくのところ、「キリスト者は、ひとりひとりがキリスト論の表現である」（J・A・T・ロビンソン）。

けれども聖書は、そうした多様なキリスト論のゆえに意味があるのではない。まったく逆に、聖書のどの部分を切りとってみても、その切り口からは、救い主・キリストを証言する、ただひとつの信仰告白の声しか聞かれないところに意義がある。聖書は、まさにそうした告白の結晶なのである。

最後にナザレびとイエスは、同時代のローマおよびユダヤの権力者の眼に、はたしてどのように映っていたであろうか。この問いは、キリスト教史の発端にかかわる、すこぶる興味あるテーマに違いない。おそらく、イエスの出現は、彼らの眼に、当時、十年もの長きにわたって体制ユダヤを脅かし、その後、現実にユダヤ戦争（紀元六六年）の導火線となり、エルサレム陥落（紀元七〇年）のひきがねとなった反体制的メシヤ運動と、確実に二重うつしになっていた。イエスは、こうした中で、反逆罪に問われ、ローマ総督の血の弾圧の犠牲となった。

一方、イエスがいち早く、このきわめて危険な政治的状況に、気づかなかったはずはない。エルサレム入りを目前に、イエスを襲った死の不安は、こうした状況と切り離すことはできないだろう。しかし、われわれはもはや、受難物語全体から、イエスの死の歴史的真相を正確に再現することは、断念しなければならない。それはこれまで述べてきたように、あまりにも強く教団神学の描く祭儀のキリスト、すなわち死と復活のキリスト像におおいつくされてしまっている。ユダヤ教のファリサイ派や律法学者が、一貫して、イエスの敵に仕立てあげられる受難の図式は、先に指摘したように、一部は明白に、後の教団神学の虚構にすぎない。

あとがき

講談社編集部から、私がはじめて電話をいただいたのは、昭和四十九年の秋のことです。編集部では、「レバノンの白い山」（当時「未来」に連載中）を読まれて、聖書の成立をめぐる不思議な謎ときに、強く興味をそそられたようでした。聖書を、キリスト教の正典として、神学的にみるのではなく、古代の宗教文学として、たとえばギルガメシュの叙事詩やウガリット文学といった、太古の神話や伝承文学との連関において、謎につつまれた成立の背景を、追跡することはできないか。要するに聖書の起源を、そうした古代文学の源流にさかのぼって、一貫した仕方でさぐることはできないか、と言われるのです。これはたいへんな、すごい問題です。魅力的なテーマです。

問題はただ、それは不可能だと断言するほかないことです。私は、たくさんの理由をあげて、残念ながら、その試みは絶望的であることを申しました。もちろん、主題にたいする私の非力は、誰よりも、私自身が承知しています。しかし、編集部では、断念しません。振手をかえ、品をかえて、この魅力的なテーマにむかって、私を誘いこんでいくのです。振り返ってみると、最初の電話をいただいた時から、ちょうど二年の歳月がたっています。
私がここで、ことさら、こうした個人的感懐にふれたのは、本書誕生のいきさつが、編集者と執筆者との合作であるという事情を、読者の皆様に知っていただきたいからにほかなりません。編集者の、執拗な問いの誘発がなかったら、私はとうてい「聖書の起源」という、こうした大きな問題に、手をつけることはなかったでしょう。

その意味で本書は、執筆者が自分の専門領域内で、気楽に書き下ろした内容の読み物とは、すこぶる性格が違っています。執筆者は、編集者を相手に、しばしば専門領域をこえるところで、懸命に、こたえの準備をしなければならなかったからです。そうした、たどたどしさが、本書のいたるところにあるとおもいます。しかし、またその意味で、本書は、親切で行き届いた入門書や概説書であるよりは、結果はともかく、新しい分野の、新しい理論や仮説に切りこもうとする性格を、より強くもっているかとおもいます。

しかし、聖書のはじめての読者に、著者の問題とするところを、正確に理解していただくために、聖書知識の不足が、読者の興味を途中でそぐことのないように、できるだけの工夫はこらしました。こうした努力が、少しでも本書の理解を容易にすることに役立っているならば幸いです。しかし問題は、聖書そのものに含まれるリアリティにあります。こうしたリアリティに、どこまで読者を誘導できたか。それは読者の問題である以上に、著者自身の力量の問題です。読者の批判にまつほかないでしょう。

ただ私としては、本書を契機に、直接、聖書を手にされる読者が、ひとりでも多く生まれることを心からのぞんでいます。

なお、本書の執筆にあたり、参考にさせていただいた数多くの研究書の中から、主なものを選んで、巻末に掲げました。ここで、あらためて、著者の皆様に、厚くお礼を申し述べたいとおもいます。ただし、外国語文献については、その都度、適宜、私訳を付して、本文中に挿入しましたので、巻末には、邦訳文献に限って書き出しましたことをおことわりしておきます。

最後に、はじめから終わりまで、骨の折れる執筆者との対話に、忍耐をもっておつき合いいただいた、講談社学芸第一出版部の守屋龍一氏にたいし、心からの感謝の言葉を添えて、筆をおきます。

一九七六年秋

仙台にて

山形孝夫

あとがき——文庫化によせて

『聖書の起源』は、今から三三年前、講談社現代新書の一冊として、店頭に並びました。この本の出版にかかわった現代新書編集部の、私よりもずっと若かったMさんとのことを今でも忘れずにいます。ゲラ刷りの最終原稿を前に、Mさんと私は宿舎に泊まり込みでとことん話し合いました。難解な用語や説明不足の部分に、Mさんは徹底した読者の目線で容赦なく攻めてきました。断片的な知識ですむ問いにまざって、聖書の本質にふれた疑問が含まれていました。その疑問を問いつめていくと、空白の部分が見えてきます。人間の眼には見えない「隠された神の世界」。それが人間の「見える世界」を動かしている。聖書とは、この二つの世界をつなぐ鳥の眼のような特別な知によって書かれた生きるための実用書ではなかったか。とすると、「聖書の起源」とは、どのようなことになるのか。これは奥深く、気の遠くなるような問題です。しまいには、ヘトヘトに疲れ果て、これはもう立派な合作であると思い、「あとがき」にそうした私の気持ちをそのまま書きとめたのでした。ふたりでささやかな祝杯を交わしたとき、Mさんは疲労困憊気味の私を慰めるようにきっぱりと断言しました。「これはベスト・セラーにはなりませんが、必ずロング・セラーにはなります」。私は、ほとんど上の空で聞いていたのですが、『聖書の起源』は、月日が経つほどに着実に増刷を重ねていったのです。そして、二〇〇〇年を越したあたりで、ついに三五刷を超え、一〇万部を突破したという報告が、出版社から届きました。Mさんの言葉どおりだったのです。

けれども、そのあたりからです。この本に挿入した六十数葉の写真が、増刷に耐えかねたように摩滅し、出版社も頭をかかえる風でした。私は、心を残しながら、ついに絶版に踏み切ることにしたのでした。裏表紙の著者の若い頃の写真だけが、今なお鮮明であるのが、皮肉というか、うらめしい気持ちでした。

その時からちょうど一年を経過したある日、筑摩書房の編集部から手紙が舞い込みました。上京した折、編集者とお会いし、文庫化の企画をうかがううちに、ひとりの思いがけない読者が、思いがけない仕方で、編集者に文庫化の話を勧めてくださっていたことを知りました。人と人との不思議なコラボレーション。それが、あたたかな光のように伝わってきて、私は大いに力づけられました。人の思いは、ちゃんと伝わる。こういう経験ははじめてかもしれない。

このような訳で、一も二もなく文庫化の話はまとまり、六十数葉の古い写真を一気呵成に入れ替え、この機会にこれまで気になっていた年表をはじめ、地名や神々の表記や聖書の不適切な用語などを書き換え、ようやく新年早々の出版に漕ぎつけることができました。あとは、この本がこれまでのように、たくさんの方々の眼にとまり、多くの人に読まれることを願うばかりです。

最後に、この文庫化をおすすめいただいた筑摩書房編集部の町田さおりさんと平野洋子さん、それに忘れてはいけない、思いがけないひとりの読者、西谷修氏（フランス現代思想）のご好意に心からの感謝のことばを添えて、筆を擱きます。ありがとうございました。

二〇〇九年十二月

仙台にて

山形孝夫

参考文献

第一部　旧約聖書の原像
関根正雄『イスラエル宗教文化史』（岩波書店　一九五二年）
M・ウェーバー『古代ユダヤ教』全三巻（内田芳明訳　岩波文庫　二〇〇四年）
加納政弘『過越伝承の研究』（創文社　一九七一年）
G・フォン・ラート『旧約聖書の様式史的研究』（荒井章三訳　日本基督教団出版局　一九六九年）
M・ノート『契約の民　その法と歴史』（柏井宣夫訳　日本基督教団出版局　一九六九年）
W・デ・ラ・メア『旧約聖書物語』（阿部知二訳　岩波書店　一九七〇年）
W・F・オールブライト『考古学とイスラエルの宗教』（小野寺幸也訳　日本基督教団出版局　一九七三年）

第二部　カナンの神々の系譜
山形孝夫『レバノンの白い山』（未來社　一九七六年）

山形孝夫「地中海の神々」(山と渓谷社『地中海』II　一九七六年)
C・H・ゴールドン『ウガリト文学と古代世界』(高橋正男訳　日本基督教団出版局　一九七六年)
C・H・ゴールドン『聖書以前』(柴山栄訳　みすず書房　一九七六年)
J・G・フレイザー『初版 金枝篇』(吉川信訳　ちくま学芸文庫)
M・エリアーデ『大地・農耕・女性』(堀一郎訳　未來社　一九六八年)
S・H・フック『オリエント神話と聖書』(吉田泰訳　山本書店　一九六七年)

第三部　新約聖書の成立

荒井献『イエスとその時代』(岩波新書　一九七四年)
ヒポクラテス『古い医術について』(小川政恭訳　岩波文庫　一九六三年)
大槻真一郎編集・翻訳責任『ヒポクラテス全集』(エンタプライズ　一九八五—一九八八年)
R・ブルトマン、K・クンズィン『聖書の伝承と様式』(山形孝夫訳　未來社　一九六七年)
田川建三『原始キリスト教史の一断面』(勁草書房　二〇〇六年)
E・トロクメ『ナザレのイエス』(小林恵一、尾崎正明訳　ヨルダン社　一九七五年)
J・エレミアス『イエスの聖餐のことば』(田辺明子訳　日本基督教団出版局　一九七四年)
山形孝夫「治癒神イエスの登場」(『思想』一九七六年五月　岩波書店)
R・ブルトマン『イエス』(八木誠一、川端純四郎訳　未來社　一九六三年)

八木誠一『新約思想の成立』（新教出版社　一九六三年）
M・ブラック『死海写本とキリスト教の起源』（新見宏訳　山本書店　一九六六年）
他に、全体に関する文献として、小塩力『聖書入門』（岩波新書　一九五五年）、ウェルネル・ケラー『歴史としての聖書』（山本七平訳　山本書店　一九五八年）および、山我哲雄、佐藤研『旧約新約聖書時代史』（教文館　一九九二年）がある。

旧約・新約聖書歴史年表

西暦年	聖書関係事項	一般事項
紀元前 二五〇〇頃		エジプト古王国第四王朝、ギゼーにピラミッドを建設する
二〇〇〇頃		バビロニア第一王朝が興る。以後、その勢力はシリア、パレスチナに及ぶ
一七五〇頃	アブラハムはウルをたち、カナンへ向かう	
一七〇〇頃	ヤコブ一族エジプトへ移動、ゴシェンの地に移住	遊牧民ヒクソス、エジプトに侵入して支配。ハムラビ法典の成立
一五四六頃	ヨセフ一族の一部パレスチナに移住 （〜一五二五）	アメノフィス一世支配

一四〇〇頃	エジプトのパレスチナ領有（〜一三六〇）	ヒッタイト王国全盛
一二九〇頃	モーセによる出エジプトの旅。イスラエル人は四〇年間、シナイ荒野を放浪する	
一二五〇頃	十二部族宗教連合の成立	イスラエルのパレスチナ征服
一二二四		エジプト・メネルプターの治世が始まる（〜一二一六）
一二〇〇頃	士師時代（〜一〇二〇）	ペリシテ人のパレスチナ侵入が始まる
一〇五〇頃	預言者サムエルが活躍する	アッシリア全盛
一〇二〇頃	サウル、イスラエル人の最初の王となる（〜一〇〇四）	
一〇〇四	ダビデ、ユダ王国の統治（〜九九八）	
九六五頃	ソロモンの統治（〜九二六）。この頃、創世記二章、士師記一章の最古の資料（ヤハウィスト資料）が成立	イオニア人、リディア海岸に植民

	する	
九二六	ソロモンの死により、イスラエル王国が南北に分裂する	
九〇九		新アッシリア興る
	ヤハウィスト資料につぐモーセ五書の資料（エロヒスト資料）が成立する	アテネ、スパルタの成立
七五三		ローマ建国
七三二		シリア－エフライム戦争
七二一頃	イスラエル北王国の滅亡。預言者の活躍（アモス、ホセア、イザヤ）	アッシリア王サルゴン二世即位（〜七〇五）
六二〇	預言者エレミアの活躍	ゾロアスター教の創始
五九八	新バビロニアのネブガドネザル、エルサレム侵略（第一回バビロン捕囚）	ソロンの改革 ソロン貴族・平民間の調停に努力する
五八六	エルサレム陥落（第二回バビロン捕囚）、イスラエル南王国滅亡	
五三八	ペルシア王クロスのバビロニア征服、	

	勅令によって、捕囚民の祖国帰還	
五二〇頃	エルサレムの神殿再建	ピタゴラスの活躍
五〇〇頃	ヨブ記の成立	アテネの民主政治の展開
四七〇頃	祭司資料（モーセ五書の最後の資料）が、バビロニアで成立する	
四五〇頃	エズラ、ネヘミアのエルサレム帰還	アテネの最盛期を迎える
四二八？	ユダヤ教の成立	
三三八		マケドニアのギリシア統一
三三二	アレクサンダー大王のエルサレム占領	
二七二		ローマのイタリア半島統一
二五〇頃	プトレマイオス二世の治世にアレクサンドリアで、旧約聖書のギリシア語訳が始まる	ポエニ戦争始まる（～二〇一）
一六〇頃	聖文学の編集	ユダヤ人シリアより独立運動
七五頃	ユダヤ教の正典が決まる	ローマのスパルタクスの反乱
六三	ローマ、パレスチナを属領とする	ローマの第一回三頭政治
四〇	ヘロデ大王、ユダヤの王となる（～	

二七	四）	ローマ帝政の開始
四頃	ナザレのイエス誕生	
紀元		
六	ユダヤ、ローマの地方総督の下に入る	
二六	洗礼者ヨハネの活動開始。ポンテオ・ピラト、ユダヤの総督となる	
二七頃	イエスの伝道開始	
三〇	イエスの十字架上の死	
三三	パウロの回心、パウロの第一回伝道旅行（四八〜四九）、第二回（五〇）	
四九		ローマのユダヤ人追放される
五〇	パウロのコリント滞在（〜五二）	アグリッパ二世、ユダヤ支配
五二	パウロのエペソ滞在（〜五五）	
五四		ネロ帝の治世がローマで始まる（〜六八）
五五	パウロのコリント滞在、ローマ人へ	

	の手紙	
五六	パウロ、カイザリアにて監禁される（〜五八）	
六二頃	パウロの死	
六五頃	マルコによる福音書が成る	
六六	ユダヤ戦争がおこる（〜七〇）	
八〇頃	マタイ、ルカ福音書が成る	ローマ皇帝ドミティアヌスの迫害（〜九六）
九〇頃	ヨハネ文書が成る	
一一〇頃		イグナティオス、ローマで殉教
三一三		コンスタンティヌス帝、キリスト教を公認する

本書は一九七六年十二月、講談社より刊行された。

なぜ、植物図鑑か　中平卓馬

映像に情緒性・人間性は不要だ。図鑑のような客観的視線を獲得せよ！　日本写真の'60〜'70年代を牽引した著者の幻の評論集。（八角聡仁）

監督　小津安二郎　蓮實重彥

我々は小津の映画に何を見るのか。そしてそのイメージはフィルム的感性をどのように刺激するのか。小津作品の真の魅力の動因に迫る画期的著作。

映像の詩学　蓮實重彥

フォード、ブニュエル、フェリーニ、ゴダール、ペッキンパー……。たぐい稀な感性が読んだスリリングなフィルム体験。著者初の海外映画作家論。

美術で読み解く　新約聖書の真実　秦剛平

西洋名画からキリスト教を読む楽しい3冊シリーズ。新約聖書篇は、受胎告知や最後の晩餐などのエピソードが満載。カラー口絵付オリジナル。

美術で読み解く　旧約聖書の真実　秦剛平

名画から聖書を読む「旧約聖書」篇。天地創造、アダムとエバ、洪水物語。人類創始から族長・王達の物語を美術はどのように描いてきたのか。

美術で読み解く　聖母マリアとキリスト教伝説　秦剛平

キリスト教美術の多くは捏造された物語に基づいていた！　マリア信仰の成立、反ユダヤ主義の台頭など、西洋名画に隠された衝撃の歴史を読む。

イコノロジー研究（上）　E・パノフスキー　浅野徹ほか訳

芸術作品を読み解き、その背後の意味と歴史的意識を探求する図像解釈学。人文諸学に汎用されるこの方法論の出発点となった記念碑的名著。

イコノロジー研究（下）　E・パノフスキー　浅野徹ほか訳

上巻の、図像解釈学の基礎論的「序論」と「盲目のクピド」等各論に続き、下巻は新プラトン主義と芸術作品の相関に係る論考に詳細な索引を収録。

〈象徴形式（シンボル）〉としての遠近法　エルヴィン・パノフスキー　木田元監訳　川戸れい子／上村清雄訳

透視図法は視覚とは必ずしも一致しない。それはいわばシンボル的な形式なのだ――。世界表象のシステムから解き明かされる、人間の精神史。

異人論　小松和彦
「異人殺し」のフォークロアの解析を通し、隠蔽され続けてきた日本文化の「闇」の領野を透視する。新しい民俗学誕生を告げる書。（中沢新一）

百鬼夜行の見える都市　田中貴子
古代末から中世にかけ頻発した怪異現象・百鬼夜行を手掛りに、平安京・京都という都市と王権が抱え込んできた闇に大胆に迫る。図版多数。（京極夏彦）

汚穢と禁忌　メアリ・ダグラス　塚本利明訳
穢れや不浄を通し、秩序や無秩序、存在と非存在、生と死などの構造を解明。その文化のもつ体系的宇宙観に丹念に迫る古典的名著。（中沢新一）

初版　金枝篇（上）　J・G・フレイザー　吉川信訳
人類の多様な宗教的想像力が生み出した多様な事例を収集し、その普遍的説明を試みた社会人類学最大の古典。膨大な註を含む初版の本邦初訳。

初版　金枝篇（下）　J・G・フレイザー　吉川信訳
なぜ祭司は前任者を殺さねばならないのか？　そして、殺す前になぜ〈黄金の枝〉を折り取るのか？　事例の博捜の末、探索行は謎の核心に迫る。

火の起原の神話　J・G・フレイザー　青江舜二郎訳
人類はいかにして火を手に入れたのか。世界各地より夥しい神話や伝説を渉猟し、文明初期の人類の精神世界を探った名著。（前田耕作）

妖怪の民俗学　宮田登
妖怪はいつ、どこに現われるのか。江戸の頃から最近の都市空間の魔性まで、人知では解し難い不思議な怪異現象を探求する好著。（常光徹）

南方熊楠随筆集　益田勝実編
博覧強記にして奔放不羈、稀代の天才にして孤高の自由人・南方熊楠。この猥雑なまでに豊饒な不世出の頭脳のエッセンス。（益田勝実）

贈与論　マルセル・モース　吉田禎吾／江川純一訳
「贈与と交換こそが根源的人類社会を創出した」。人類学、宗教学、経済学ほか諸学に多大の影響を与えた不朽の名著、待望の新訳決定版。

中世を旅する人びと 阿部謹也

西洋中世の庶民の社会史。旅籠が客に課す厳格なルールや、遍歴職人必須の身分証明のための暗号など、興味深い史実を紹介。（平野啓一郎）

漢字の文化史 阿辻哲次

中国文明を支え発展させてきた漢字。その悠久の歴史と漢字をめぐる人々の歩みを、さまざまな出土文物を手がかりにたどる、漢字史入門の決定版。

1492 西欧文明の世界支配 ジャック・アタリ 斎藤広信訳

1492年コロンブスが新大陸を発見したことで、アメリカをはじめ中国・イスラム等の独自文明は抹殺された。現代世界の来歴を解き明かす一冊。

世界史的考察 ヤーコプ・ブルクハルト 新井靖一訳

古典的名著の新訳版。歴史を動かした「力」を巡る考察。歴史への謙虚な姿勢と文明批評に見える鋭敏さは、現代においても多くの示唆を与える。

都市 増田四郎

「都市」という現象を世界史的な視野から概観し、西欧と日本・中国の市民意識の本質的な相違を解明した比較文化論の名著。（阿部謹也）

アラブが見た十字軍 アミン・マアルーフ 牟田口義郎／新川雅子訳

十字軍とはアラブにとって何だったのか？ 豊富な史料を渉猟し、激動の12・13世紀をあざやかに、しかも手際よくまとめた反十字軍史。

世界史の流れ レーオポルト・フォン・ランケ 村岡哲訳

革命の時代にあって危機にさらされた君主制。その問題意識に応えて、ローマ帝国の興亡から同時代までを論じた実証主義的史学講義。（佐藤真一）

子どもたちに語るヨーロッパ史 ジャック・ル・ゴフ 前田耕作監訳 川崎万里訳

歴史学の泰斗が若い人に贈る、とびきりの入門書。地理的要件や歴史、とくに中世史を、たくさんのエピソードとともに語った魅力あふれる一冊。

地中海世界のイスラム W・モンゴメリ・ワット 三木亘訳

かつてイスラムはヨーロッパに多大な文明をもたらした。世界史の再構成を目指し、多様な人間集団の共存の道を探ったイスラム文化論の名著。

宗教は国家を超えられるか　阿満利麿

近代日本はどのような文化的枠組みで国民の「臣民化」をはかったのか。その構造と実態を、宗教との関わりを通して明らかにする。（西谷修）

法然の衝撃　阿満利麿

法然こそ日本仏教を代表する巨人であり、ラディカルな革命家だった。鎮魂慰霊を超えて救済の原理を指し示した思想の本質に迫る。

親鸞・普遍への道　阿満利麿

絶対他力の思想はなぜ、どのように誕生したのか。日本の精神風土と切り結びつつ普遍的救済への回路を開いた親鸞の思想の本質に迫る。（西谷修）

歎異抄　阿満利麿訳／注／解説

没後七五〇年を経てなお私たちの心を捉える、親鸞の言葉。わかりやすい注と現代語訳、今どう読んだらよいか道標を示す懇切な解説付きの決定版。

公案　秋月龍珉

はじめて公開された「公案」の真髄。参禅への実践的指導と、公案に潜む思想的究明とが渾然一体となった類例のない入門書。（竹村牧男）

女犯　石田瑞麿

妻帯・密通・強姦・男色。性行為を禁じられた出家者には常に大きな葛藤と規制、処罰、逸脱の歴史があった。僧の性と破戒の全貌に迫る貴重な研究。

十牛図　上田閑照・柳田聖山

禅の古典「十牛図」を手引きに、自己と他、自然と人間、自身への関わりを通し、真の自己への道を探る。現代語訳と詳注を併録。（西村惠信）

世界宗教史（全8巻）　ミルチア・エリアーデ

宗教現象の史的展開を膨大な資料を博捜し著された人類の壮大な精神史。エリアーデの遺志にそって共同執筆された諸地域の宗教の巻を含む。

世界宗教史1　ミルチア・エリアーデ　中村恭子訳

人類の原初の宗教的営みに始まり、メソポタミア、古代エジプト、インダス川流域、ヒッタイト、地中海地域、初期イスラエルの諸宗教を収める。

世界宗教史2
ミルチア・エリアーデ
松村一男訳

20世紀最大の宗教学者のライフワーク。本巻はヴェーダの宗教、ゼウスとオリュンポスの神々、ディオニュソス信仰等を収める。（荒木美智雄）

世界宗教史3
ミルチア・エリアーデ
島田裕巳訳

仰韶、竜山文化から孔子、老子までの古代中国の宗教と、バラモン、ヒンドゥー、仏陀とその時代、オルフェウスの神話、ヘレニズム文化などを考察。

世界宗教史4
ミルチア・エリアーデ
柴田史子訳

ナーガールジュナまでの仏教の歴史とジャイナ教から、ヒンドゥー教の総合、ユダヤ教の試練、キリスト教の誕生などを収録。（島田裕巳）

世界宗教史5
ミルチア・エリアーデ
鶴岡賀雄訳

古代ユーラシア大陸の宗教、八—九世紀までのキリスト教、ムハンマドとイスラーム、イスラームと神秘主義、ハシディズムまでのユダヤ教など。

世界宗教史6
ミルチア・エリアーデ
鶴岡賀雄訳

中世後期から宗教改革前夜までのヨーロッパの宗教運動、宗教改革前後における宗教、魔術、ヘルメス主義の伝統、チベットの諸宗教を収録。

世界宗教史7
ミルチア・エリアーデ
奥山倫明／木塚隆志／深澤英隆訳

エリアーデ没後、同僚や弟子たちによって完成された最終巻の前半部。メソアメリカ、インドネシア、オセアニア、オーストラリアなどの宗教。

世界宗教史8
ミルチア・エリアーデ
奥山倫明／木塚隆志／深澤英隆訳

西・中央アフリカ、南・北アメリカの宗教、日本の神道と民俗宗教。啓蒙期以降ヨーロッパの宗教的創造性と世俗化などを収録。全8巻完結。

シャーマニズム（上）
ミルチア・エリアーデ
堀一郎訳

二〇世紀前半までの民族誌的資料に依拠し、宗教史学の立場から構築されたシャーマニズム研究の金字塔。エリアーデの代表的著作のひとつ。

シャーマニズム（下）
ミルチア・エリアーデ
堀一郎訳

宇宙論的・象徴論的概念を提示した解釈は、霊魂の離脱（エクスタシー）という神話的な人間理解として現在も我々の想象力を刺激する。（奥山倫明）

回教概論　大川周明

最高水準の知性を持つと言われたアジア主義者の力作。イスラム教の成立経緯や、経典などの要旨が的確に記された第一級の概論。（中村廣治郎）

原典訳 チベットの死者の書　川崎信定訳

死の瞬間から次の生までの間に魂が辿る四十九日の旅——中有（バルドゥ）のありさまを克明に描き、死者に正しい解脱の方向を示す指南の書。

空海コレクション1　空海　宮坂宥勝監修

主著『十住心論』の精髄を略述した『秘蔵宝鑰』、及び顕密を比較対照して密教の特色を明らかにした『弁顕密二教論』の二篇を収録。（立川武蔵）

空海コレクション2　空海　宮坂宥勝監修

真言密教の根本思想『即身成仏義』『声字実相義』『吽字義』及び密教独自の解釈による『般若心経秘鍵』と『請来目録』を収録。（立川武蔵）

『正法眼蔵』読解（全10巻・分売不可）　森本和夫

日本文化の至宝『正法眼蔵』。「七十五巻本」と「十二巻本」の全文を各段落ごとに掲げ、一字一句を詳細に読み解いた画期的文業。別本・拾遺も収録。

デュメジル・コレクション（全4巻・分売不可）　ジョルジュ・デュメジル　丸山静／前田耕作編

王権とは、暴力とは、法とは何か。根源的な問題群にアクチュアルな観点から再考を迫るデュメジルの神話論集。全篇本邦初訳、長文解題付。

般若経　平井俊榮訳注

日本人のこころの糧として、多くの人びとに読み継がれてきた仏教の根本経典。『般若心経』（全）、『金剛般若経』（全）、『大品般若経』（五篇）を収録。

バガヴァッド・ギーターの世界　上村勝彦

宗派を超えて愛誦されてきたヒンドゥー教の最高経典が、仏教や日本の宗教文化、日本人の思考に与えた影響を明らかにする。（前川輝光）

邪教・立川流　真鍋俊照

女犯の教義と髑髏本尊の秘法のゆえに、徹底的に弾圧、邪教法門とされた真言立川流の原像を復元し、異貌のエソテリズムを考察する。貴重図版多数。

ニーチェ書簡集Ｉ　ニーチェ全集 別巻1
F・ニーチェ
塚越敏訳
若き日の友人への心情吐露、ヴァーグナーへの傾倒と離反、ザロメへの愛の告白……。一八六一〜八三年にわたるニーチェの肉声をここに集成する。

生成の無垢 下　ニーチェ全集 別巻4
F・ニーチェ
原佑／吉沢伝三郎訳
ニーチェの遺稿断片を整理し、『悲劇の誕生』から『権力への意志』にまで通底する思索を《生成の無垢》として提示する。（A・ボイムラー）

漢書（全8巻）
班固
小竹武夫訳
漢の高祖から新の王莽まで、『史記』に次ぐ第二番目の中国正史。人間の運命を洞察する歴史文学として底知れぬ魅力を湛えて後世史家の範となる。

インド神話
上村勝彦
悠久の時間と広大な自然に育まれたインド神話の世界を原典から平易に紹介する。神々と英雄たちが織りなす多彩にして奇想天外な神話の軌跡。

ユダヤ古代誌（全6巻）
フラウィウス・ヨセフス
秦剛平訳
対ローマ・ユダヤ戦争を経験したヨセフスが説き起こす、天地創造からイエスの時代をへて同時代（紀元後一世紀）までのユダヤの歴史。

ユダヤ古代誌1
フラウィウス・ヨセフス
秦剛平訳
天地創造から始祖アブラハムの事蹟へ、イサク、ヤコブ、ヨセフの物語から偉大な指導者モーセのカナン到着までを語る、旧約時代篇の冒頭巻。

ユダヤ古代誌2
フラウィウス・ヨセフス
秦剛平訳
カナン征服から、サムソン、ルツ、サムエルの物語を追い、サウルによるユダヤ王国の誕生、ダビデ、ソロモンの黄金時代を叙述して歴史時代へ。

ユダヤ古代誌3
フラウィウス・ヨセフス
秦剛平訳
ソロモンの時代が終わり、ユダヤ王国は分裂する。バビロン捕囚によって王国が終焉するまでの歴史を一望し、アレクサンダー大王の時代に至る。

ユダヤ古代誌4
フラウィウス・ヨセフス
秦剛平訳
アレクサンドリアにおける聖書の翻訳から、マッカバイオス戦争を経て、アサモナイオス朝の終焉までのヘレニズム時代。新約世界のはじまり。

ユダヤ古代誌5　フラウィウス・ヨセフス　秦剛平訳

ヘロデによる権力確立（前三七―二五年）から、その全盛時代（前二五―一三年）を経て、彼の死後の混乱、イエス生誕のころまでを描く。

ユダヤ古代誌6　フラウィウス・ヨセフス　秦剛平訳

ユダヤがローマの属州となった後六年からアグリッパス一世の支配（後四一―四四年）を経て、第一次ユダヤ戦争勃発（後六六年）までの最終巻。

ユダヤ戦記（全3巻）　フラウィウス・ヨセフス　秦剛平訳

紀元六六―七〇年、ローマ帝国と戦ったユダヤ人の記録。西欧社会の必読書であり、イエスの神聖を保証するプルーフテクストとして機能する。

ユダヤ戦記1　フラウィウス・ヨセフス　秦剛平訳

アサモナイオス王朝の盛衰から、やがてヘロデがユダヤの王となる。そしてヘロデの死後ユダヤはローマの属州となり、戦いの気配が濃厚となる。

ユダヤ戦記2　フラウィウス・ヨセフス　秦剛平訳

圧倒的な軍事力のローマ軍。ウェスパシアノスのガリラヤ侵攻、ヨタパタの攻防戦でヨセフスが捕虜となり、ユダヤの民の不安と絶望の日々が続く。

ユダヤ戦記3　フラウィウス・ヨセフス　秦剛平訳

ユダヤ人の聖性が宿る都エルサレムと神殿を失ったのに、彼らの神は沈黙を守る。そして二〇〇〇年にわたる流浪が始まった。全三巻完結。

新訂 都名所図会（全5巻）　市古夏生／鈴木健一 校訂

一七八〇年に刊行された京都名所案内。俳諧師秋里籬島文。写生による鳥瞰図風の多数の精密画が大評判となり、名所図会ものの嚆矢となった。

フェルマーの大定理　足立恒雄

ついに証明されたフェルマーの大定理。その美しき頂への峻厳な道のりを、クンマーや日本人数学者の貢献を織り込みつつ解き明かした整数論史。

$\sqrt{2}$の不思議　足立恒雄

$\sqrt{2}$とは？　見えてはいるけれどないもの。ないようであるもの。納得しがたいその深淵に、ギリシア人はおののいた。抽象思考の不思議をひもとく！

ちくま学芸文庫

聖書の起源

二〇一〇年一月十日　第一刷発行

著者　山形孝夫（やまがた・たかお）

発行者　菊池明郎

発行所　株式会社　筑摩書房
東京都台東区蔵前二—五—三　〒一一一—八七五五
振替〇〇一六〇—八—四一二三

装幀者　安野光雅

印刷所　株式会社精興社

製本所　株式会社積信堂

乱丁・落丁本の場合は、左記宛に御送付下さい。
送料小社負担でお取り替えいたします。
ご注文・お問い合わせも左記へお願いします。
筑摩書房サービスセンター
埼玉県さいたま市北区櫛引町二—六〇四　〒三三一—八五〇七
電話番号　〇四八—六五一—〇〇五三

ISBN978-4-480-09269-4 C0116